MINES
DE CUIVRE D'AGUAS-TENIDAS
PROVINCE DE HUELVA
(ESPAGNE)

RAPPORT

ADRESSÉ

A MONSIEUR HILARION ROUX, MARQUIS D'ESCOMBRERA

PAR

M. A. PERNOLET

INGÉNIEUR

PARIS
—
AOUT 1883

RAPPORT

DE

M. A. PERNOLET

INGÉNIEUR

SUR

LES MINES DE CUIVRE D'AGUAS-TENIDAS

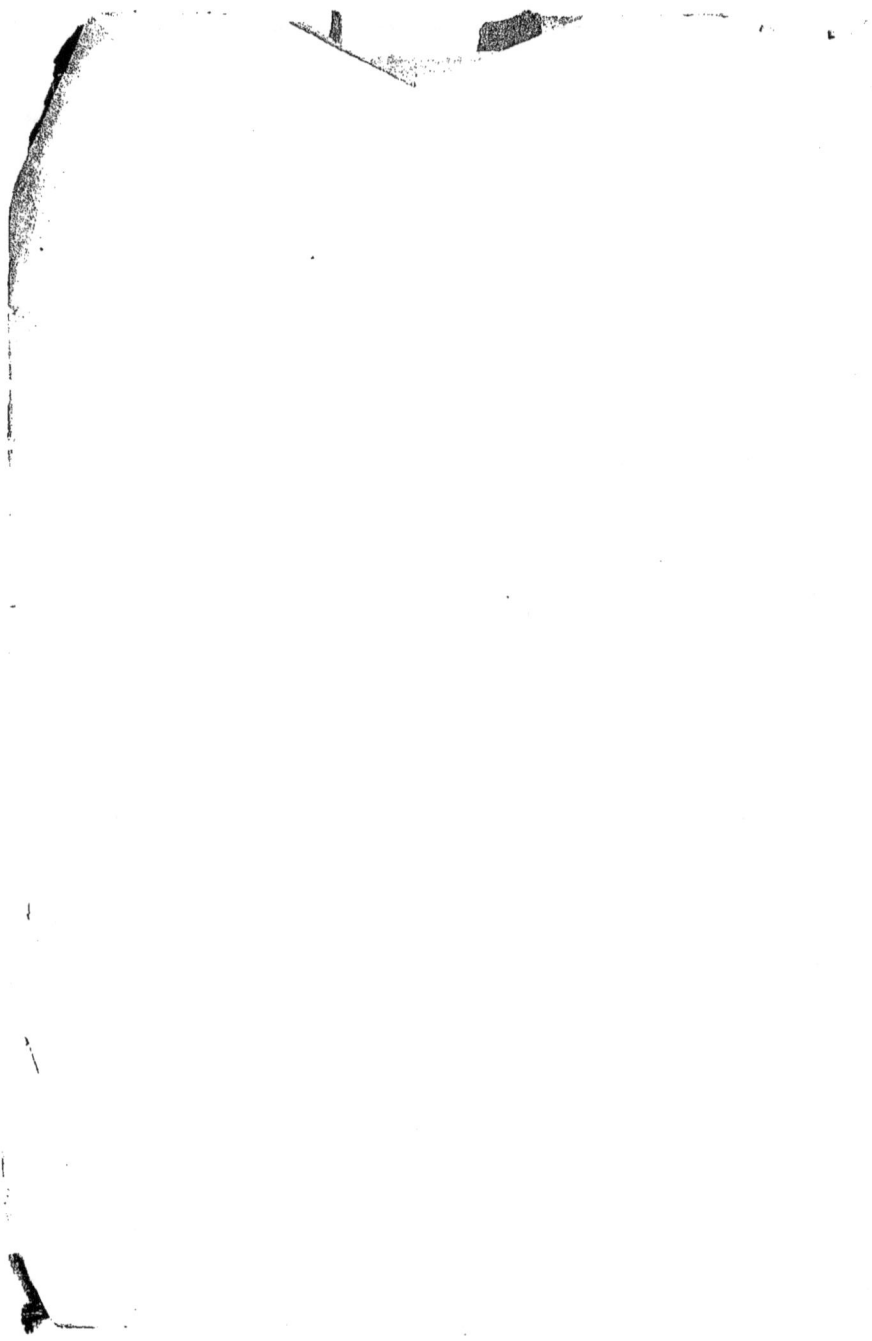

Monsieur le Marquis,

Vous m'avez, le 6 juillet dernier, donné mission d'aller étudier, dans la province de Huelva, en Espagne, les **Mines de cuivre d'Aguas-Tenidas.**

A un homme aussi expert que vous en matière de mines, il n'y avait à fournir que les éléments d'une appréciation personnelle. C'est à réunir ces éléments que j'ai borné ma mission.

En Andalousie, j'ai étudié avec la plus scrupuleuse attention les gîtes sur lesquels vous aviez à vous faire une opinion, ainsi que le milieu industriel dans lequel l'exploitation nouvelle est appelée à vivre; et, dans mon rapport, je me suis efforcé de faire passer devant vos yeux tout ce que j'avais vu moi-même, en résumant les renseignements que j'avais recueillis.

Pour être exact et précis, je n'ai craint ni les répétitions ni les

Monsieur Hilarion Roux, Marquis d'Escombrera, à Paris

longueurs, l'essentiel me paraissant être de ne rien omettre de ce que j'avais constaté.

Je me suis abstenu de conclure.

Il m'a semblé préférable d'en laisser le soin à votre expérience reconnue en affaires de mines. Mon travail est d'ailleurs assez minutieux pour vous permettre d'en tirer des conclusions autrement sûres que celles qu'il m'eût été possible de donner moi-même.

Veuillez agréer,

Monsieur le Marquis,

l'assurance de mes sentiments respectueux et dévoués,

A. PERNOLET

Paris, le 25 août 1883.

RAPPORT

DE

M. A. PERNOLET

INGÉNIEUR

Les *mines d'Aguas-Tenidas* sont situées en Espagne dans la province de Huelva au nord de la zone métallifère qui, du Guadalquivir à l'Océan atlantique, comprend, tant en Espagne qu'en Portugal, un très grand nombre de gîtes de cuivre dont les plus célèbres sont les gîtes de Rio-Tinto à l'est, ceux de Tharsis au centre et celui de San-Domingo à l'ouest.

Chargé par M. Hilarion Roux, marquis d'Escombrera, d'étudier ces mines, j'ai cru devoir parcourir l'ensemble du pays si profondément minéralisé, au nord duquel elles se trouvent. J'ai tenu à voir quelques-uns des grands amas qui en font la richesse, et, par des investigations faites à Huelva, je me suis efforcé de recueillir sur l'exploitation du cuivre dans la province toutes les informations nécessaires pour me faire une idée d'ensemble de l'état actuel de cette industrie. Ces informations ont complété les renseignements que j'avais recueillis trois mois avant à Lisbonne et dans le sud du Portugal pendant une mission dont le but était de reconnaître quelques gîtes cuivreux des environs d'Almodovar (dans l'Alemtejo).

Grâce à tous ces documents, j'ai pu essayer de présenter un tableau d'ensemble de

1

ce qu'est actuellement l'exploitation du cuivre dans le sud-ouest de la péninsule ibérique.

Les conditions géologiques et économiques de cette exploitation sont telles qu'elle me paraît appelée à se développer considérablement encore, et, dans ce développement, les grands bénéfices sont réservés assurément aux mines produisant des minerais à haute teneur.

Tout cela résulte clairement pour moi de l'étude que je viens de faire, et dont je résume les principales conclusions dans la première partie de mon rapport.

Cette étude préliminaire m'a paru nécessaire pour faire connaître le milieu industriel dans lequel se trouveront les mines d'Aguas-Tenidas ; elle amènera, je pense, à conclure comme moi que :

Ces mines, produisant des minerais à haute teneur en cuivre, sont par là appelées à prendre une situation privilégiée au milieu d'exploitations dont aucune ne donne des minerais à teneur supérieure à 5 p. 100 et dont les plus prospères ne produisent que des minerais à 3 p. 100 à peine.

I

CONDITIONS GÉNÉRALES DE LA PRODUCTION DU CUIVRE

DANS

LA PROVINCE DE HUELVA

Formation métallifère du sud-ouest de la péninsule ibérique.

Les gîtes de cuivre semblent concentrés, en Espagne, dans une zone assez nette-
ment définie, qui commence, à l'est, aux masses granitiques qui forment, au nord de
Séville, les contreforts sud de la Sierra Morena, au pied desquels coule la rivière
Viar, qui se jette, à Cantillana, dans le Guadalquivir.

Cette zone s'étend jusqu'à l'Océan, en traversant la province de Huelva, en Espagne,
et le sud de la province d'Alemtejo, en Portugal. Elle remonte à 30 minutes au nord
du 38ᵉ degré de latitude nord et descend à 30 minutes au sud.

Sa direction générale, qui est jalonnée par des pointements granitiques apparaissant
çà et là parallèlement aux masses granitiques de los Pedroches (Conquista-Pozoblanco-
Hinojosas) et de la Sierra del Pedroso, en Espagne, et d'Evora en Portugal, est est-
ouest dans son ensemble, avec tendance à se relever vers l'ouest.

Sa largeur, qui paraît n'être que de 37 kilomètres à l'est, d'Aznalcollar à Zufre,
est plus que double à l'ouest où, d'Almodovar à Grandola, on mesure 85 kilomètres.

La partie riche. zone comprenant tous les grands amas de pyrite cuivreuse, a une
largeur moyenne assez constante de 40 kilomètres environ.

Sa longueur de l'est à l'ouest est d'environ 250 kilomètres, mesurés de Cantillana à la mer.

La carte ci-annexée — Planche I — montre très nettement la position de cette zone cuivreuse.

Géologie de la zone métallifère.

L'ensemble de cette zone est, comme le montre la carte ci-annexée sur laquelle j'ai marqué tous les faits géologiques pouvant avoir quelque relation avec la formation métallifère, constitué, comme la majeure partie du sud-ouest de l'Espagne, par des *schistes anciens* (schistes siluriens), au milieu desquels paraissent, de la rivière Cala (à l'est) à la rivière Chanza (à l'ouest), des *granits* dont les pointements allongés et isolés constituent la Sierra de Aracena, dernier contrefort sud-ouest de la Sierra Morena.

Autour de ces granits, les schistes, profondément métamorphisés, constituent un îlot allongé d'environ 95 kilomètres de longueur sur une largeur de 16 kilomètres à l'est et de 8 kilomètres à l'ouest, dont le bord septentrional paraît être la limite nord de la région utilement minéralisée.

La direction générale de ces granits fait, avec le méridien magnétique, un angle d'environ 110 degrés à l'est.

C'est cette direction qu'ont les schistes de la région.

C'est celle suivant laquelle paraissent au sud, dans la province de Huelva, suivant au moins trois lignes parallèles, des masses porphyriques qui semblent en relation directe avec les gîtes minéraux du pays.

C'est enfin la direction de ces gîtes minéraux eux-mêmes, qui tous sont intercalés dans la stratification même des schistes.

Répartition de la minéralisation dans cette zone.

Dans cette immense zone, la minéralisation semble s'être concentrée entre le Guadalquivir et la Guadiana, et au sud de la Sierra-de-Aracena, dont le versant sud est profondément minéralisé sur les 40 kilomètres supérieurs qui forment la partie haute des bassins de la rivière de Huelva, du Guadiamar, du Rio-Tinto, de l'Odiel et de ses affluents, et du Malagon, et la partie basse du bassin de la Chanza.

C'est là la région des *grands amas de pyrite cuivreuse*, qui abondent dans la province de Huelva, du Rio-Tinto à la Chanza, et qui, en Portugal, sont représentés par le gîte de San-Domingo et les gîtes moins connus d'Aljustrel, de Mostardeira et de Caveira, près de Grandola.

Très active à l'est, où elle a formé l'énorme amas du Rio-Tinto, l'action minéralisatrice semble avoir été en décroissant de l'est à l'ouest. C'est ainsi qu'elle n'est révélée en Portugal que par les gîtes de San-Domingo, d'Aljustrel et de Caveira. Mais là, il

CROQUIS GÉOLOGIQUE
du Sud-Ouest
DE LA
PÉNINSULE IBÉRIQUE
montrant la situation
de la
zône métallifère contenant
les gîtes de
cuivre et de manganèse

A. PERNOLET

Paris, le 1er Août 1883

LÉGENDE

Granits.
Porphyre.
Roches métamorphiques.
Schistes anciens.
Terrain siluríque.
Terrain jurassique.
Terrain tertiaire.
Diluvium.
Gîtes de pyrite cuivreuse.
Concessions où des concessions pour cuivre ont été données.
Chemins de fer.
Frontières.

PORTUGAL
ESPAGNE
LISBONNE
Cap St-Vincent
GOLFE DE CADIX
SÉVILLE
CADIX
MALAGA
Détroit de Gibraltar

Zône des phosphates de chaux
Zône des gisements de pyrite cuivreuse

semble que, si elle n'a plus produit les immenses amas qui font la richesse de la province de Huelva, elle a éparpillé ses manifestations au nord et au sud de la zone principale qui paraît seule contenir des amas. C'est du moins ce que fait penser le grand nombre de points qui m'ont été signalés dans l'Alemtejo par l'administration des mines portugaises comme contenant des concessions pour cuivre. J'ai marqué tous ces points sur la carte ci-annexée, où l'on peut voir la totalité des gîtes de cuivre dont mes investigations m'ont fait connaître l'existence.

En même temps que les *amas de pyrite cuivreuse*, on rencontre dans cette zone des *gîtes de manganèse* au moins aussi nombreux, mais toujours beaucoup moins développés en direction et en puissance.

Ces gîtes de manganèse sont, comme ceux de pyrite, intercalés dans les schistes dont ils ont la direction générale, et au milieu desquels ils paraissent accompagnés de *jaspe rouge* en masse.

Orographie et hydrographie de la région minéralisée dans la province de Huelva.

La région la plus minéralisée de la province de Huelva est limitée au nord par la Sierra de Aracena.

Elle occupe la partie supérieure du bassin de l'*Odiel*, dont les eaux descendent à l'Océan :

A l'ouest, par le *Rio-Tinto*, qui se jette dans l'estuaire de l'Odiel à quelques kilomètres de la mer ;

Au centre, par l'*Odiel* proprement dit ;

Et à l'est, par ses deux affluents de droite, l'*Olivarga* en amont et l'*Oraque* en aval.

Presque au confluent du Rio-Tinto et de l'Odiel, à une dizaine de kilomètres de la mer se trouve *Huelva*, ville de 7 à 8.000 âmes, en grand développement, tête de ligne du chemin de fer de Madrid-Séville-Huelva, qui est une des branches de la compagnie des chemins de fer de Madrid-Sarragosse-Alicante, port d'embarquement de tous les minerais de cette région merveilleusement riche en minerais de cuivre et de manganèse, et qui, pour la production du cuivre, tend à remplacer le Chili depuis l'abaissement du prix de ce métal.

Géologie de cette région.

Cette région est formée au nord, dans sa partie haute, par les *schistes métamorphiques* qui enveloppent les *masses granitiques* de la Sierra de Aracena, et, dans sa partie moyenne, par les *schistes siluriens* qu'ont traversés :

Au nord, des *masses porphyriques* qu'on retrouve au voisinage des gîtes de Rio-Tinto et de la Cueva-de-la-Mora ;

Au centre, un *îlot granitique* qui paraît au voisinage des gîtes du Buitron, et du Barranco de los Bueyes, et des *porphyres* qui paraissent en masses importantes au sud de ce dernier gîte.

Au sud, des masses porphyriques que l'on constate au voisinage des gîtes de Lagunazo et de Tharsis.

Dans sa partie basse, les schistes disparaissent sous le terrain tertiaire et le diluvium qui, de Gibraléon à la mer, recouvrent la province de Huelva.

Les *schistes* de cette région sont des schistes plus ou moins colorés, souvent jaunâtres ou blanchâtres, particulièrement au voisinage des gîtes où ils sont toujours profondément métamorphisés.

Leur direction générale, très constante dans tout le pays, fait sur le méridien magnétique un angle de 110 degrés environ à l'est.

Leur pendage le plus général, habituellement très peu marqué, paraît être vers le nord; mais, en quelques points cependant, j'ai constaté un pendage vers le sud.

Les *porphyres* de cette région sont intercalés dans les schistes, en stratification concordante avec eux, mais habituellement de moindre puissance que les schistes qui constituent l'ensemble du pays.

Ils présentent une grande variété : les uns ont l'apparence d'un conglomérat à gros éléments, d'autres ne sont que des *schistes porphyriques*, qui, au voisinage des gîtes, constituent une salebande blanche se décomposant à l'air, et alors friable. Très souvent enfin les porphyres présentent leur aspect normal, avec les couleurs les plus variées.

Les *chapeaux de fer* qui révèlent au jour l'existence des gîtes sont formés le plus généralement de roches ferrugineuses absolument caractéristiques pour le pays. Ce sont habituellement des *brèches*, à ciment quelquefois décomposé, contenant : des fragments de schistes plus ou moins métamorphisés, des blocs de quartzites injectés d'oxyde de fer en veines très ramifiées, souvent fort épaisses, parfois très gros, des noyaux quartzeux et ferrugineux, souvent très durs; le tout empâté dans de l'oxyde de fer plus ou moins terreux. Quelquefois des mamelons isolés de peroxyde de fer plus ou moins manganésifères émergent à la surface.

Gîtes cuivreux de la province de Huelva.

Les *gîtes cuivreux* de la province de Huelva, paraissent en relation avec les porphyres : presque toujours ils se trouvent dans leur voisinage et quelquefois même comme au Rio-Tinto c'est au contact des porphyres et des schistes que s'est faite la concentration minérale.

Dès lors, la partie haute de la province de Huelva étant, dans l'ensemble de la zone métallifère, celle qui présente, ainsi que le montre la carte précédente, les pointements les plus nombreux de granit et de porphyres, il n'est pas étonnant que ce soit elle qui contienne le plus grand nombre de gîtes.

Révélés à la surface par les *chapeaux de fer* dont il vient d'être parlé, les gîtes sont habituellement profondément altérés jusqu'au niveau des eaux de la vallée la plus voisine. C'est ainsi que le chapeau de fer qui descend habituellement à 15 et 20 mètres de profondeur, peut descendre, comme au *Sotiel*, à la profondeur de 103 mètres.

Sous le chapeau de fer, on trouve souvent, avant d'arriver à la masse pyriteuse compacte, $0^m,50$ à 1 mètre de minerai pulvérulent appelé dans le pays *azufrones*. Ce minerai est terreux, très pauvre en soufre, et encore plus en cuivre : sa couleur est verte grisâtre. C'est de la pyrite de fer cuivreuse plus ou moins décomposée.

Au-dessous des *azufrones* paraît la masse pyriteuse qui remplit parallèlement aux stratifications du schiste, tout l'intervalle laissé entre les salebandes, et conserve à peu près toujours le même niveau sur toute l'étendue des gisements.

La *masse*, absolument compacte, est formée de pyrite de fer imprégnée de pyrite de cuivre intimement mélangée, avec gangue de quartz uniformément répartie dans la masse. De la galène, de la blende et de la pyrite arsenicale se trouvent souvent plus ou moins capricieusement réparties dans la masse du gîte. Rarement on y rencontre des druses et, lorsqu'elles existent, elles sont très petites.

Tous les gîtes exploités sont des *amas lenticulaires* intercalés dans la stratification des schistes, dont ils ont par conséquent le pendage, qui est de 70 degrés en moyenne, et le plus généralement au nord.

Leur *plus grande étendue* est toujours en direction, très rarement supérieure à 700 mètres : le gîte de Rio-Tinto a seul plus de 1.000 mètres en direction.

La *puissance*, qui habituellement est en relation avec l'étendue en direction, varie de 16 à 150 mètres ; très rarement elle dépasse 70 à 80 mètres.

La *richesse en cuivre*, qui normalement est inférieure à 3 p. 100, varie de 2 à 5 p. 100. Elle n'est pas également répartie dans la masse. Elle paraît plutôt s'être concentrée suivant des lentilles de 5 à 20 mètres de longueur, parallèles aux masses qui les contiennent, et dont elles se distinguent par leur couleur, qui est violette, bleue ou noire, lorsque le minerai est très riche. C'est ainsi du moins que se rencontre le minerai dit *Negrillo* qui, le plus souvent, se trouve au mur des gîtes, et paraît avoir été le minerai recherché par les anciens. C'est un oxysulfure plus ou moins désulfuré qui tient de 12 à 24 p. 100 de cuivre.

Ce minerai est essentiellement exceptionnel.

Pas un gîte jusqu'à présent, en dehors de celui d'Aguas-Tenidas, n'a donné de minerai tenant normalement plus de 5 p. 100 de cuivre.

L'*extension de ces gîtes en profondeur* est encore inconnue, la plupart des exploitations n'ayant pas encore dépassé 75 à 90 mètres. Au Rio-Tinto et à San-Domingo on a fait des sondages qui établissent que, bien au delà de la profondeur de 100 mètres, les gîtes restent encore semblables à eux-mêmes.

La situation géologique, la composition, l'allure et l'aspect général de ces gîtes sont donnés par les croquis suivants. — Voir les Planches II et III, ci-contre.

Nature des minerais.

Le *minerai*, qui forme le remplissage très compact de ces gîtes, est, comme il vient d'être dit, de la *pyrite de fer cuivreuse*.

La *composition moyenne de cette pyrite* est assez bien représentée par l'analyse suivante qui est celle des minerais de Rio-Tinto :

Cuivre....................	3,20
Fer.....................	43,55
Zinc....................	0,35
Plomb...................	0,93
Soufre..................	49,00
Arsenic.................	0,47
Chaux..................	0,10
Eau...................	0,70
Quartz.................	0,63
Perte..................	1,07
Argent.................	20 à 28 grammes à la tonne.
Or....................	traces.

La *teneur en cuivre* n'a été en moyenne que de :

> 2,71 p. 100 pour la totalité de la production en 1881
> et de 2,805   pour la totalité de la production de 1882.

Relation entre la puissance des gîtes et la teneur en cuivre des minerais contenus.

Quelques mineurs de la province de Huelva ont émis devant moi l'idée que la teneur en cuivre des minerais était d'autant plus élevée que le gîte était moins puissant ; comme si une même quantité de cuivre avait été répandue dans les masses une fois formées, quelle que soit leur largeur : de là une teneur par mètre carré de section horizontale d'autant plus élevée que cette section est plus faible.

Ces mineurs produisent à l'appui de leur opinion le tableau suivant, dans lequel les gîtes sont classés suivant l'ordre de leur puissance approximative, et en commençant par le plus puissant :

Gîtes.	Teneur moyenne en cuivre.
Rio-Tinto	2,75 p. 100
Tharsis	2,95 —
San-Domingo...........	3,00 —
Lagunazo..............	3,00 —
Cueva-de-la-Mora..........	3,50 —
Cabezas-del-Pasto..........	4 à 5 —
Aguas-Tenidas	10,00 —

CROQUIS DES GITES DE THARSIS, CULEBRAS ET LAGUNAZO.

Nord. Coupe transversale par **AB**. Sud.

Pyrite cuivreuse.

Mt Tharsis.

Manganese. a d

St Benito.

Schistes. Grape.

Villanueva
de las Cruces.

Est.

St Benito.

Mt Tharsis.
d

Gites
de Pyrite cuivreuse
de Tharsis.

d. *Gite du Sud.*
a. *Gite du Nord.*
c. *Gite du Centre.*
b. *Gite de la Sierra Bulliones.*

B

A Gite de Manganèse de Culebras.

Meridien magnétique.

Gite de Pyrite cuivreuse de Lagunazo.

Rio Cubica.

la Utrera. C D

Direction générale de la Stratification des schistes.

Virgen de la Pena.

Echelle de 0.m010 p.r kilomètre
A. Pernolet. — 1883.

Puebla de Guzman.

Nord. Coupe tranversale par **C D**. Sud.

Pyrite cuivreuse.

la Utrera. Lagunazo. Virgen de la Pena.

Sch.

Porphyre.

(1889.) A. Broise et Courtier, Paris.

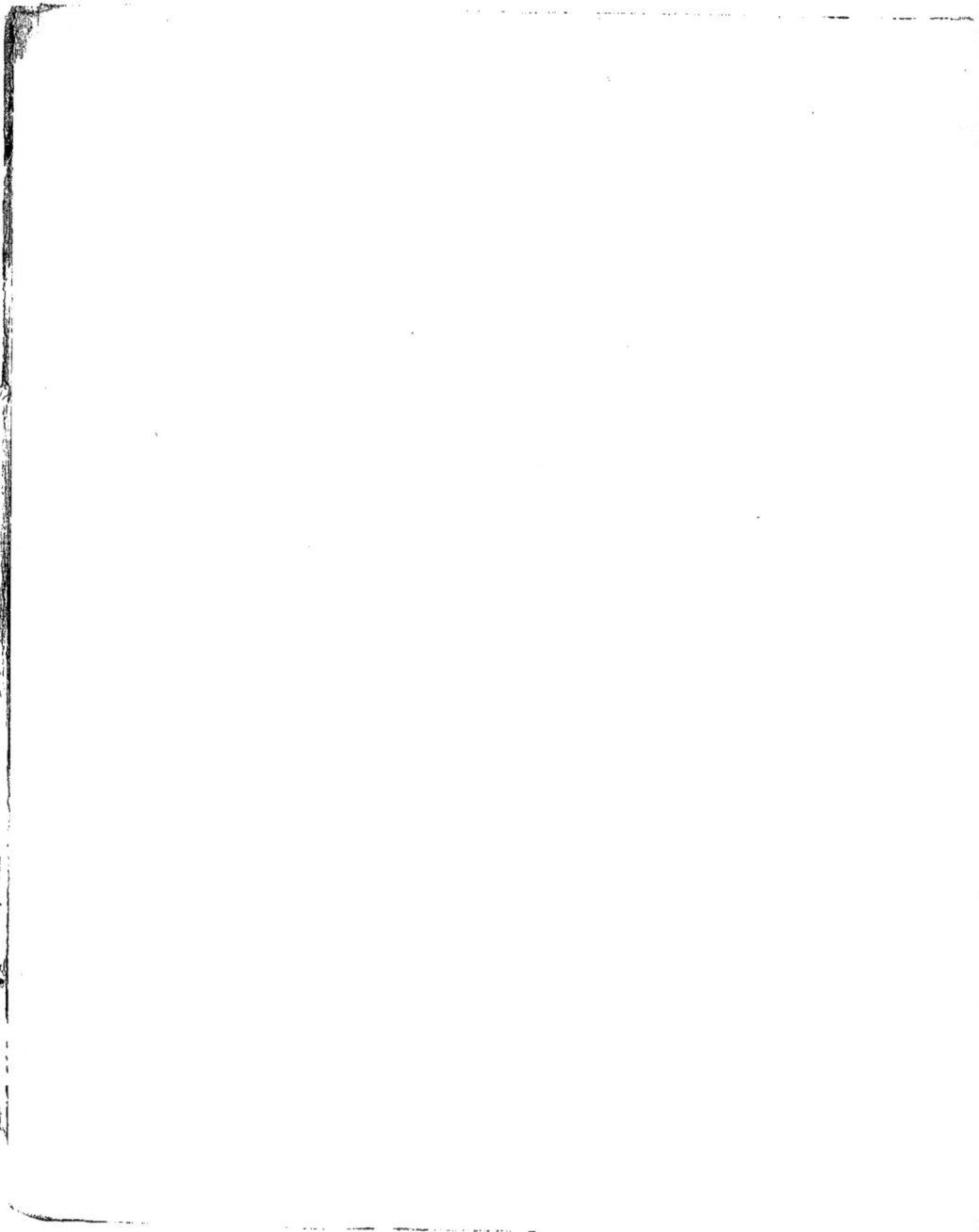

GITE DE PYRITE CUIVREUSE DE LAGUNAZO.

appartenant à la Société des Mines de Cuivre d'Alosno.

Coupe transversale faite par le Découvert actuellement en
préparation suivant la ligne **AB** du plan.

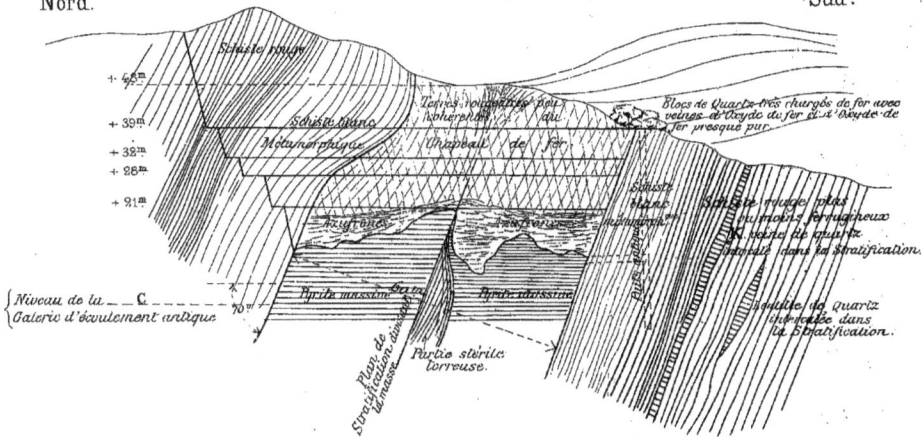

Nord.

Sud.

Echelle de 0ᵐ001 par Mètre.

Plan de la partie du Gîte actuellement connue,
croquis des contours du Gîte reconnus, de **C** en **D**, par des Galeries de contournement
creusées dans les schistes du toit et du mur, au Niveau de la Galerie d'écoulement
antique et, dans la partie orientale, de **D** en **E**, où abondent les travaux antiques,
par le déblaiement de ces travaux.

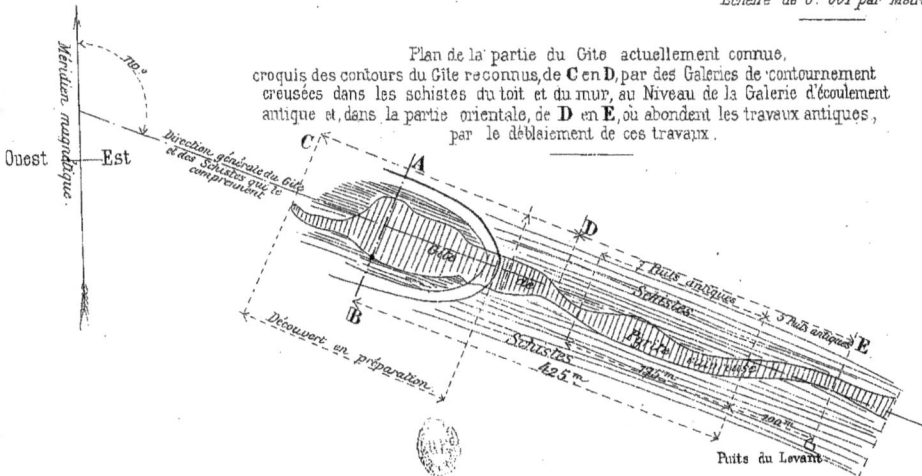

Ouest — Est

Echelle de 0ᵐ020 par 100 mètres

A. Pernolet 1883.

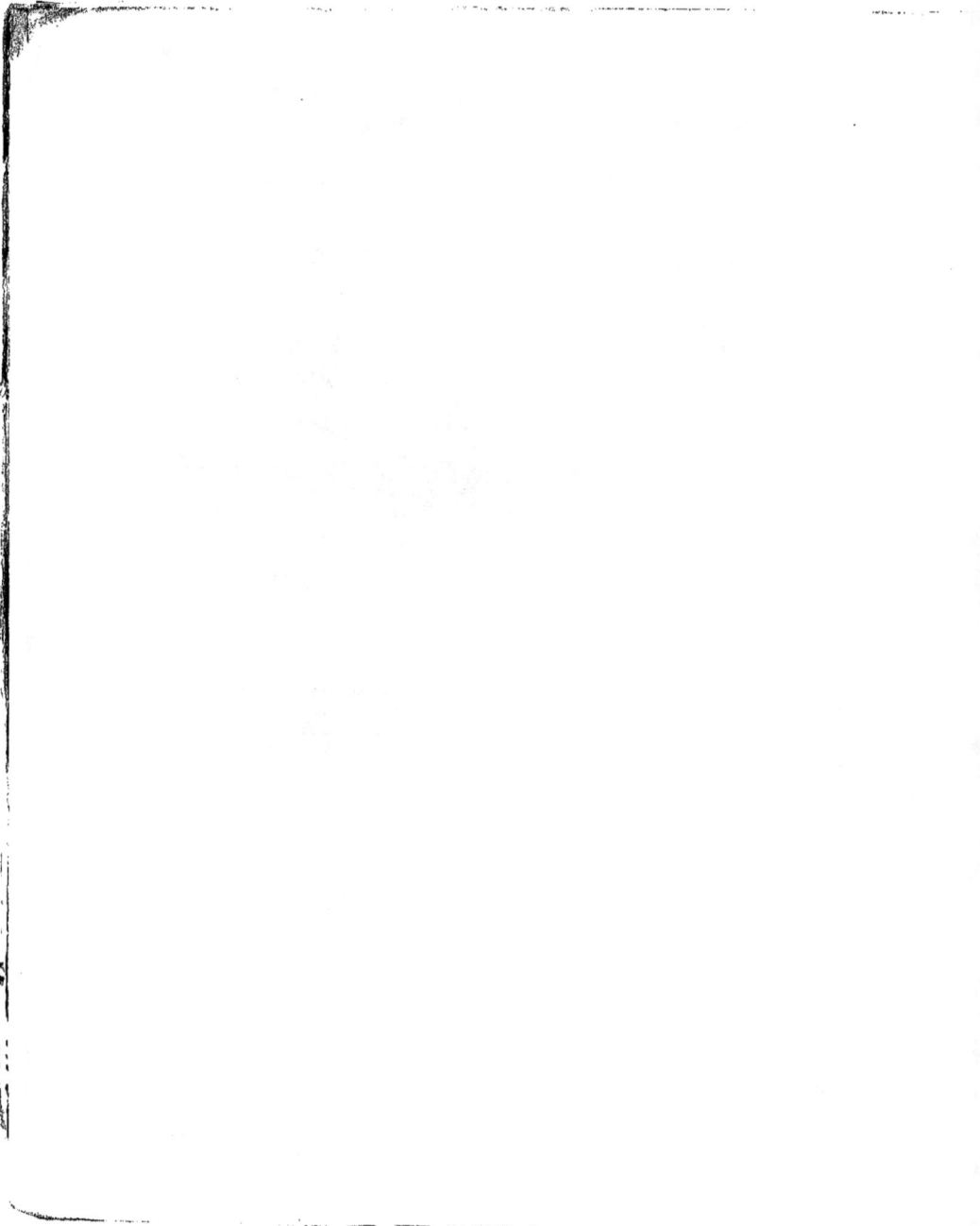

Cette relation ne m'a pas paru établie sur un assez grand nombre d'exemples, et surtout sur un assez grand tonnage pour pouvoir être admise comme représentant la vérité absolue. Puis, quelques teneurs m'ont semblé avoir été forcées pour l'occasion : ainsi, la teneur des minerais de la Cueva-de-la-Mora est plus près de 3 que 3,50.

Je la rapporte simplement comme une opinion qui a cours parmi certains mineurs du pays et qui, à ce titre, mérite d'être notée.

Exploitations anciennes de la province de Huelva.

Aucun pays d'Europe n'a été plus activement exploité par les anciens (Phéniciens, Carthaginois, Romains et Visigoths) que la province de Huelva.

Les *travaux anciens* et les *scories* abondent dans une proportion dont on ne peut pas se faire une idée avant d'avoir vu ce pays si étonnamment minéralisé.

Comme fait capable de montrer les masses de scories trouvées en quelques points, je rappellerai que la totalité du ballast des 44 kilomètres du chemin de fer de Tharsis à Corrales a été fournie par les *scoriaux* trouvés à Tharsis.

Les *travaux anciens* paraissent en général peu profonds, mais ils présentent souvent en surface un développement inouï.

Les *scories* sont très pauvres et ne peuvent pas être retraitées avantageusement.

Minerai traité par les anciens.

Il est fort malaisé de dire quel est le minerai qu'ont traité les anciens. Mais la difficulté qu'on rencontre à traiter par la voie sèche les minerais sulfurés, la disposition de leurs travaux qui, au lieu d'enlever la totalité du remplissage dans les gîtes exploités par eux, ont suivi, au milieu des masses, des veines particulières, me font penser qu'il n'ont traité que les minerais d'affleurement et les oxysulfures dont j'ai parlé précédemment, qu'ils recherchaient au milieu des masses pyriteuses avec une sagacité et un soin étonnants.

Ces minerais et surtout les minerais d'affleurement, qui se rencontraient dans le chapeau de fer des gîtes accompagnés de roches décomposées fournissant tous les éléments d'une fusion facile, pouvaient être traités sans difficulté aucune, et j'incline à croire que ce sont les seuls qu'ils aient traités.

Exploitations actuelles.

Actuellement, depuis 1848, époque où M. Deligny a découvert les gîtes de Tharsis et de San-Domingo, et, surtout depuis 1872, date à laquelle une Compagnie anglaise a acheté de l'État les mines de Rio-Tinto, l'exploitation des gîtes de cuivre est poussée très activement.

2

Le développement donné à cette exploitation, depuis trente-cinq ans, paraît destiné à croître beaucoup, à cause de l'impossibilité économique où semble être le Chili de fournir du cuivre au prix de 63 livres, qui paraît désormais le maximum admis à Swansea.

Aussi l'État espagnol s'est-il décidé à faire traverser par un chemin de fer à grande section, dont il subventionne la construction, le chemin de fer de Huelva à Zafra, le centre de la région métallifère. Ce chemin de fer, qui amènera à Huelva les phosphates de chaux de Caceres, ouvre à l'exploitation une région nouvelle où se rencontrent des gîtes intéressants et où se portent dès aujourd'hui les capitaux anglais, français et portugais.

Activité industrielle de la province de Huelva.

Pour donner une idée précise de l'activité qu'a prise l'industrie minérale dans la province de Huelva, j'ai, au moyen de renseignements pris sur place et de ceux publiés par l'administration des mines, dressé les carte et tableaux suivants, auxquels je renvoie. — Voir la Planche IV ci-contre — :

Statistique minérale de la province de Huelva.

[Année 1881.]

NATURE des MINERAIS EXPLOITÉS.	NOMBRE des mines en production.	SUPERFICIE concédée en hectares.	NOMBRE D'OUVRIERS OCCUPÉS.			MACHINES A VAPEUR.		PRODUCTION en tonnes.	VALEUR EN PESETAS sur le carreau de la mine.	
			Hommes.	Femmes.	Garçons.	Nombre	Force en chevaux.		Totale.	Par tonne.
Minerai de fer. . . .	1	»	42	»	6	1	»	7.413 [1]	51.891	7
Minerai de plomb. .	1	7	16	12	8	»	»	2.815 [2]	422.250	150
Minerai de cuivre. .	19	3.871	7.537	389	752	48	580	1.425.569 [3]	15.681.259	11
Minerai de manganèse.	21	474	123	125	39	1	8	4.581	146.592	32

[1] Ces minerais de fer viennent des mines de Rio-Tinto.

[2] Sur ces 2.815 tonnes de minerai de plomb, 2.765 tonnes proviennent des mines de Rio-Tinto.

[3] Dans toute l'Espagne, il n'y a, y compris la province de Huelva, que 42 mines de cuivre d'une superficie totale de 4.474 hectares, occupant 8.139 hommes, 398 femmes, 798 gamins, et produisant 1.455.892 tonnes de minerai de cuivre. C'est-à-dire que les autres provinces d'Espagne ne produisent que 30.323 tonnes.

Des 1.455.892 tonnes de minerai de cuivre produites en 1881, il a été exporté 450.370 tonnes, le reste a été traité sur place dans sept établissements, dont un, dans la province de Séville, a traité 8.900 tonnes de minerai et produit 162 tonnes de cuivre valant à l'usine 1.520 pesetas, et dont les six autres sont dans la province de Huelva.

Ces six établissements de la province de Huelva possèdent 24 machines à vapeur d'une force totale de 468 chevaux, 3 fours à manche, 19 fours à réverbère, 3 fours de coupelle et 287 fours de calcination; ils occupent 2.298 ouvriers, 171 femmes, 528 gamins. Ils ont traité 1.026.353 tonnes de minerai de cuivre et produit :

37 tonnes de cuivre fin en tourtes, valant à l'usine 4.325 pesetas la tonne
4.244 tonnes de cuivre noir — 4.050 —
22.065 tonnes de cuivre de cémentation — 795 —

Minerais de cuivre et cuivre métallique exportés d'Espagne
pendant l'année 1881.

Nature des produits exportés.	Tonnage total exporté.	Pays d'importation.	Quantités exportées dans chaque pays.
Minerais de cuivre. . . .	450.370 tonnes	Angleterre	430.897 tonnes
		Hollande	13.755 —
		États-Unis d'Amérique.	2.819 —
		Allemagne.	2.014 —
		France.	885 —
Cuivre de cémentation.	24.366 tonnes	Angleterre.	23.881 —
		Hollande	384 —
		Allemagne.	101 —
Cuivre en tourtes	2 tonnes	Angleterre	2 —
Cuivre en barres.	11 —	Angleterre.	11 —
Cuivre en planches . . .	11 —	France	7 —
		Cuba.	4 —

Statistique des gîtes de cuivre travaillés pendant l'année 1881 dans la Province de Huelva.

(D'après la *Estadística Minera de España, correspondiente al año de 1881*.)

NOMS DES GITES.	COMMUNES où ils sont situés.	TENEUR en cuivre de leurs minerais.	COMPAGNIE qui exploite.	PYRITES cuivreuses extraites	PYRITES cuivreuses exportées	PYRITES traitées sur place	PRODUITS FABRIQUÉS — Mattes.	Cuivre de cémentation.	Cuivre métallique.	OUVRIERS occupés	OBSERVATIONS.
				tonnes	tonnes	tonnes	tonnes	tonnes	tonnes		
Rio-Tinto	Rio-Tinto	2,75	Cⁱᵉ de Rio-Tinto	938.357	256.545	746.710	423	10.171	»	7.646	Le Rio-Tinto a produit en outre: 2.765 tonnes de minerai de plomb, 7.415 t. de minerai de fer et 34.794 t. de vitriol.
Tharsis	Alosno	2,95	Tharsis Sulfur Cⁱᵉ	324.627	161.965	162.662	»	5.079	»	9.261	
La Zarza	Calanas, el Cerro et Almonaster	»	Tharsis Sulfur Cⁱᵉ	58.246	»	57.843	»	»	»	494	
Cueva-de-la-Mora	Almonaster	3,00	Cⁱᵉ Portugaise des mines de Huelva	58.494	»	58.494	»	1.440	»	580	
La Pederosa	Zalamea-la-Real	»	James Hill et Cⁱᵉ	39.385	39.385	»	»	181	»	»	
La Concepcion	Almonaster	»	»	14.188	14.188	»	»	»	»	»	
San Telmo	Cortegana	»	The Bede metal	12.000	»	»	»	»	»	170	Exploitation souterraine en préparation.
El Campanario	Valverde-del-Camino	»	The Bede metal	3.460	3.460	»	»	»	»	54	
Las Cabezas-del-Pasto	La Puebla-de-Guzman	4 h 5	The Bede metal	325	»	»	»	»	»	144	
La Chaparrita	Zalamea-la-Real	»	»	643	»	643	»	»	27	56	Se développerait si on prolongeait le chemin de fer de Zalamea à Peña-del-Hierro. Minerais complexes de cuivre, plomb et argent.
Barranco Trimpancho	Paimogo, la Puebla	»	»	27	»	»	»	»	»	»	
La Joya	El Cerro	»	The Bede metal	»	»	»	»	»	»	176	On prépare le découvert pour une exploitation à ciel ouvert.
El Carpio	Cortegana	»	The Bede metal	»	»	»	»	»	»	98	On creuse une galerie d'écoulement pour entreprendre l'exploitation du gite.

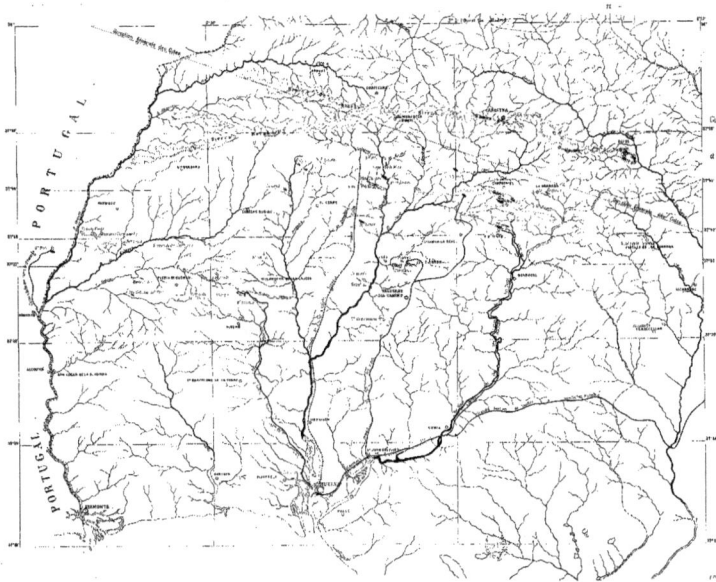

CARTE
des
Gîtes de Cuivre de la Province
de
HUELVA
et des Chemins de fer qui les desservent.

Planche IV.

PORTUGAL

PORTUGAL

Production des mines de cuivre du Portugal.

En Portugal, la seule mine de pyrite cuivreuse en exploitation très active, est celle de *San-Domingo*, qui produit annuellement 400.000 tonnes de pyrite à 3 p. 100 de cuivre environ.

Elle en exploite à l'état de sulfure, environ 200.000 tonnes, et traite le reste sur place, par oxydation lente à l'air libre, lixiviation et cémentation.

Les mines d'*Aljustrel* sont à peu près arrêtées, et celles de *Caveira* ne donnent pas une production régulière.

Voies ferrées desservant la zone minéralisée.

Les minerais sont amenés à la mer par des chemins de fer qui tous ont été construits par les compagnies minières.

En Espagne, dans la province de Huelva, ces chemins de fer aboutissent tous directement ou indirectement à Huelva. Ce sont :

Le *chemin de fer du Rio-Tinto*, chemin à voie de 1ᵐ,05 et de 83 kilomètres de longueur, qui, partant des mines de Rio-Tinto, descend tout le long du cours du Rio-Tinto, et se termine à Huelva par une jetée en fer de près d'un kilomètre de longueur, s'avançant dans l'axe de l'Odiel, et permettant de charger directement, par couloirs à becs mobiles, deux et à la rigueur trois navires à la fois, à raison de 6 à 800 tonnes par bateau.

Le *chemin de fer du Buitron*, chemin à voie de 1ᵐ,05 et de 57 kilomètres de longueur, qui, suit en passant par Zalamea et Valverde-del-Camino, le faîte des plateaux qui séparent la vallée du Rio-Tinto de celle de l'Odiel. A partir de Zalamea, la voie ferrée n'a plus qu'une largeur de 0ᵐ,60 jusqu'au gîte de *la Poderosa*, et elle présente au milieu de son parcours un plan incliné desservi par machine fixe. Ce chemin de fer se termine à *San-Juan-del-Puerto*, dernière station du chemin de fer à grande section de Séville à Huelva, et port d'embarquement sur le Rio-Tinto. Là, les minerais sont versés dans des *allèges* qui les mènent aux steamers ancrés dans l'estuaire de l'Odiel, à 15 kilomètres de San-Juan.

Le *chemin de fer de Tharsis*, chemin à voie de 1ᵐ,20 et de 44 kilomètres de longueur qui, partant des mines de Tharsis, suit d'abord un petit affluent de l'Odiel pour aboutir à Corrales en face de Huelva, a une jetée en fer de 6 à 800 mètres se détachant de la rive droite de l'Odiel et s'y avançant jusqu'aux profondeurs voulues pour les navires de 2.000 tonnes. Cette jetée permet de charger, au moyen de deux grues fixes élevant et versant les wagons, deux navires à la fois, à raison de plus de 500 tonnes par jour.

Ces chemins de fer à voie étroite, tous construits par les compagnies minières dont ils desservent les exploitations, sont tenus de transporter les minerais et le cuivre de

cémentation des autres exploitations, mais ils leur appliquent un tarif très élevé :
c'est ainsi que le chemin de Buitron fait payer par tonne kilométrique :

1ᵏ,25 ou 0ᶠ,3125 pour les minerais
et 1ᵏ,00 ou 0ᶠ,25 pour le cuivre de cémentation.

Le chemin de fer de Tharsis fait payer :

1ᵏ,642 ou 0ᶠ,4103 pour les minerais
1ᵏ,90 ou 0ᶠ,475 pour le cuivre de cémentation.

Le chemin de fer de Rio-Tinto ne transporte que des voyageurs en dehors des
minerais de Rio-Tinto.

En Portugal, les transports ne sont organisés économiquement que pour les mines
de *San-Domingo*, dont les minerais sont conduits par un chemin de fer à voie étroite
de 15 kilomètres, construit par la Société minière, à la Guadiana, à Pomarao, point
jusqu'où peuvent remonter les navires de plus de mille tonneaux.

Les minerais d'*Aljustrel* sont menés par un chemin de fer à voie étroite construit
par les mines, à la station de Figuerinia, du chemin de fer Sud-Portugais, station qui
est à 178 kilomètres de *Barreiro*, sur la rade de Lisbonne. Là, le minerai est porté
par des allèges aux steamers qui doivent rester en rade. Le transport de la mine au
steamer coûte plus de 11 francs.

Les minerais de *Caveira* sont conduits par charrettes à la mer.

En fait donc, aujourd'hui, les seules mines qui puissent exporter des minerais
pauvres sont, en Espagne, les mines situées sur l'un des trois chemins de fer dont il
vient d'être parlé, et en Portugal les mines de San-Domingo.

Dans la province de Huelva, un chemin de fer d'intérêt général, à grande section et construit avec une subvention de 60.000 francs par kilomètre, donnée par
l'État, va permettre d'exploiter avec profit les gîtes du centre de cette région si intéressante, en même temps qu'amener à Huelva les phosphates de chaux de *Caceres*
qu'on prête à la compagnie des mines de Rio-Tinto le projet de préparer à Huelva au
moyen d'acides qu'elle fabriquerait dans une immense usine établie sur les bords de
l'Odiel. Ce chemin de fer, dit de Huelva-Zafra, ira rejoindre à Zafra la ligne de Me-
rida-Séville.

Partant de Huelva, il remonte la vallée de l'Odiel qu'il traverse à *Gibraleon*,
pour en suivre la rive droite jusque vers le kilomètre 30 à la hauteur de *Calanas*,
là, il suit les plateaux qui séparent la vallée de l'*Olivarga* de celle de l'*Oraque*;
en un point encore indéterminé, mais voisin de *Gibraleon*, se détachera vers
l'ouest une ligne qui ira rejoindre à *Serpa* les chemins de fer portugais en passant
à *Lagunazo* par le gîte qu'exploite la Compagnie française des mines de cuivre
d'Alosno.

Ce chemin de fer de Huelva-Zafra doit être ouvert fin 1884 jusqu'au kilomètre 64
et les travaux y sont actuellement activement poussés sur la première section voisine de

Huelva; sur cette section, travaillent 2.000 ouvriers. Les concessionnaires ont pris vis-à-vis de la Compagnie des mines de Cueva-de-la-Mora, qui doit livrer ses minerais au kilomètre 64, l'engagement de transporter ces minerais à dater de janvier 1885.

Conditions économiques de la production du cuivre dans la province de Huelva.

Les conditions économiques dans lesquelles se fait l'exploitation du cuivre dans la province de Huelva sont à peu de chose près les mêmes pour tous les gîtes exploités. Tous, en effet, ayant plus de 40 mètres de puissance, sont exploités à ciel ouvert par gradins droits de 7 à 15 mètres de hauteur et par des ouvriers recevant les mêmes salaires.

Le traitement se fait sur place pour la majeure partie des minerais.

Il consiste en un grillage en tas d'environ 300 tonnes, qui transforme les sulfures métalliques en sels solubles que l'on dissout en lavant les minerais grillés avec 4 mètres cubes d'eau par tonne traitée. La dissolution ainsi obtenue étant trop acide, on en corrige l'acidité en y mêlant les eaux résultant de l'arrosage prolongé du minerai broyé, mais non grillé, qu'on laisse s'oxyder lentement en tas dits *terreiros* exposés à l'air libre sous l'action de l'eau. On traite ainsi à froid environ 25 p. 100 de la quantité de minerais que l'on grille. Dans les eaux résultant de ce mélange on précipite le cuivre au moyen du fer, dont on consomme de 1 tonne 1/2 à 2 tonnes par tonne de cuivre recueilli.

Par ce procédé, on recueille, dans le délai de 6 mois, temps nécessaire au grillage, la moitié environ du cuivre contenu, l'autre moitié n'étant retirée des résidus de lixiviation que par les lavages lents et continus qu'on leur fait subir pendant plusieurs années jusqu'à épuisement complet.

Cette méthode extrêmement simple a l'inconvénient d'exiger des stocks énormes de minerais en cours d'élaboration.

En Portugal, ces inconvénients sont encore exagérés par le fait que le gouvernement portugais ne permettant pas le grillage à l'air libre, les exploitants doivent laisser l'oxydation des sulfures se faire spontanément sous l'unique action de l'air et de l'eau à la température ordinaire, ce qui augmente encore le temps nécessaire à la réalisation du cuivre contenu.

Quoi qu'il en soit, les frais de production de la tonne de cuivre dans la province de Huelva sont donnés par le tableau suivant, dans lequel j'ai établi, d'après la comptabilité d'une des affaires les plus prospères, les frais faits par tonne de minerai traité sur place pour cuivre :

Dépense faite par tonne de pyrite cuivreuse à 3 p. 100 de cuivre traitée par cémentation sur place dans l'une des exploitations prospères de la province de Huelva.

SUBDIVISION DE LA DÉPENSE.	PRIX.	TOTAUX partiels.	TOTAUX généraux.
1° *Production du minerai.*			
Travaux préparatoires. — Découvert. — Main-d'œuvre.	1ᶠ,50	1ᶠ,50	
Exploitation proprement dite. . . . . { Abatage.	0 ,45		
Chargement et transport dans les chantiers. — Extraction.	0 ,60		3ᶠ,50
Épuisement des eaux.	0 ,09		
Transport à la surface	0 ,36		
Total de la main-d'œuvre. . .		1ᶠ,50 } 2ᶠ,00	
Matériel et consommations courantes. . . .	0 ,50	0 ,50 }	
2° *Traitement du minerai.*			
Grillage. — Cémentation. { Grillage en tas.	0 ,68	0ᶠ,68	
Transport des minerais grillés et chargement dans les cuves de lixiviation. . . .	0 ,84		
Lixiviation.	0 ,32		
Traitement des minerais crus broyés et des noyaux riches produits par le grillage. .	0 ,14		
Précipitation par le fer y compris l'entretien des bassins de cémentation	0 ,39		5 ,60
Total de la main-d'œuvre. . .		1ᶠ,69 } 4ᶠ,12	
Fonte consommée, 19ᵏ,20 par tonne de minerai	2 ,43	2 ,43 }	
Préparation du cuivre de cémentation pour l'exportation . . . . . . { Transport du cuivre de cémentation aux dépôts. — Calcination au four à réverbère. — Pressage. — Pesage. — Ensachage.	0 ,34	0ᶠ,34	
Consommations . . . . . { Matériel et consommations courantes. . . .	0 ,46	0 ,46	
3° *Frais généraux.*			
Frais généraux à la mine.	1 ,15		
Frais généraux au siège social.	0 ,35	1 ,50	1 ,50
Totaux.	10 ,60	10 ,90	10 ,60

Cette dépense de 10ᶠ,60 par tonne de minerai s'applique à un minerai tenant 3 p. 100 de cuivre, et ne donnant pour le traitement direct que 1,5 p. 100. C'est-à-dire que, dans le cas que j'ai pris comme exemple, et qui est l'un des plus favorables de la province de Huelva, puisque la teneur des minerais courants est inférieure à 3 p. 100, il faut mettre en œuvre 66 tonnes de minerai brut pour obtenir, en six mois de traitement, une tonne de cuivre, qui revient par conséquent sur le carreau de la mine à $66 \times 10^f,60 = 699^f,60$, soit en chiffres ronds à 700 francs, dont il faudrait déduire, pour être absolument rigoureux, la valeur du cuivre qui sera retiré des résidus laissés par le traitement direct, diminué des frais qu'il reste à faire pour le recueillir. Mais je néglige cette correction pour laquelle je n'ai aucun élément précis me permettant d'en donner la valeur exacte, qu'il me paraît d'ailleurs bien difficile de faire apparaître d'une façon indiscutable en comptabilité.

Ce prix de 700 francs par tonne de cuivre ou de 7 francs par unité de cuivre contenue dans le cuivre de cémentation, est bien en effet ce que coûte le cuivre dans les exploitations les plus favorisées de la province de Huelva, et la meilleure preuve de l'exactitude de ces calculs, c'est qu'un des hommes les plus au courant de l'exploitation des gîtes cuivreux de l'Andalousie avait fait, avec une des compagnies possédant un gîte éloigné de Huelva, un traité d'exploitation par lequel il s'engageait à lui livrer sous vergues à Huelva toute la production au prix de $9^f,50$ l'unité de cuivre, et que ce traité lui donnait des résultats si avantageux que la compagnie qui l'avait conclu a mis à son exécution toutes les entraves voulues pour en amener la résiliation.

L'unité de cuivre se payant à Swansea, dans le cuivre de cémentation, à raison de 10 schillings au minimum, soit $12^f,50$. On voit que ce qui coûte à l'exploitant 700 francs, sur le lieu de production, se vendra, sur le lieu de consommation, 1.250 francs avec un bénéfice de 550 francs, dont il faudra défalquer une centaine de francs pour les frais de transport de la mine à Huelva, de Huelva à Swansea, l'assurance, les frais d'essais, de déchargement, de vente et autres.

C'est-à-dire que l'exploitant gagne environ 400 à 450 francs, tous frais payés par tonne de cuivre produite par lui à l'état de cuivre de cémentation tenant séché à 100 degrés de 60 à 75 p. 100 de cuivre.

Ce bénéfice correspond à 6 ou 7 francs par tonne de minerai extrait.

Quant aux *minerais vendus directement à l'état brut*, ils reviennent ainsi que le montre le tableau précédent, à environ 5 francs, dont

$3^f,50$ de frais de production proprement dits
et $1,50$ de frais généraux.

Quelquefois, ce prix s'élève à 6 francs quand le minerai est exceptionnellement dur, et au delà, lorsque il se présente quelque difficulté d'exploitation.

La *valeur de ce minerai vendu à Swansea* pour soufre et pour cuivre est au maximum de 60 à 66 francs. Elle s'établit comme suit d'après la teneur en cuivre et en soufre :

3 unités de cuivre	à $12^f,50$	$37^f,50$
48 unités de soufre	à 0,60	28,80
Soit un total de		66,30

3

Le prix de revient étant de 5 à 6 francs à la mine. On voit que, si le minerai a bonne teneur, il peut rester 60 francs environ pour payer les transports, les mécomptes sur la teneur en cuivre et en soufre et rémunérer l'exploitant.

Dans le cas de la vente du minerai brut, on voit, que le prix du transport est l'élément prédominant : suivant ce qu'il coûte, il y a bénéfice considérable ou perte.

Dans les exploitations actuellement en activité, les frais de transport doivent varier de 21ᶠ,50 à 56 francs ainsi composés :

De la mine au chemin de fer le plus voisin, de .	0ᶠ,50 à	22ᶠ,00
Transport par chemin de fer, de	7,00 à	15,00
Transport par allèges jusqu'au steamer, de. . .	0,00 à	3,75
Chargement en bateau, de	0,25 à	1,50
Fret de Huelva à Swansea.	13,75 à	13,75
Soit.	21ᶠ,50 à	56ᶠ,00

Les frais, à Swansea, étant facilement de 3 à 4 francs, on voit que l'ensemble des frais que supportent aujourd'hui les minerais des gîtes en exploitation varient de 25ᶠ,50 à 60 francs.

De ces calculs, il résulte que les exploitations bien situées au point de vue des transports, peuvent faire un bénéfice par tonne qui, lorsque les teneurs en cuivre et en soufre sont suffisantes, n'est pas moindre de 40 francs, tandis que les exploitations moins favorablement situées ne gagnent absolument rien, les frais de transport absorbant tout le bénéfice.

Mais, habituellement, les teneurs sont beaucoup plus faibles que celles indiquées ci-dessus et les frais sont plus élevés, de sorte que ce bénéfice se réduit à 20 francs.

Conditions financières dans lesquelles sont créées et vivent les exploitations de cuivre de la province de Huelva.

Les conditions financières dans lesquelles se créent et vivent les exploitations de la province de Huelva, sont assez constantes pour qu'on les puisse résumer rapidement, et elles méritent qu'on les fasse connaître.

Constitution des Sociétés d'exploitation. — En général, les Sociétés d'exploitation se constituent dès que les concessions prises leur assurent la possession d'*affleurements* ou de *chapeaux de fer* d'une largeur et d'une longueur suffisantes, ou, pour parler avec plus de précision, d'une *section horizontale* suffisante pour faire croire à l'existence de masses minérales importantes, pourvu que des travaux antiques et des scories indiquent clairement que le gîte a été travaillé par les anciens.

Travaux préalables de reconnaissance. — On n'a pu me citer que la compagnie française des mines d'Alosno, compagnie formée autour et avec l'aide du Comptoir d'Escompte de Paris, qui, avant de se constituer, ait fait délimiter exactement la masse minérale révélée par ses affleurements au moyen de *galeries de contour* creusées dans les schistes du mur et du toit au niveau de la galerie d'écoulement antique, et de *galeries transversales* recoupant toute la masse.

Location à redevance des gîtes. — En général, les Sociétés *louent* aux propriétaires ou concessionnaires des gîtes qu'elles veulent exploiter, le droit de les exploiter pour 20, 25, 30 ou 99 ans, moyennant des redevances par tonne de minerai extraite.

On ne m'a cité comme exploités par des Sociétés propriétaires des gîtes que les gîtes de Rio-Tinto, de la Cueva-de-la-Mora, et de Tharsis. Et encore, ces derniers gîtes ont-ils été exploités à redevance pendant plus de 20 ans avant d'être rachetés à leurs propriétaires par les exploitants actuels.

Redevances payées aux propriétaires des gîtes. — Les redevances payées par les exploitants aux propriétaires des gîtes varient de : $2^f,50$ à 5 francs par tonne de *minerai exporté*, et de 2 francs à $2^f,50$ par tonne de *minerai traité sur place*.

Le règlement se fait par trimestre, et les propriétaires ont généralement un agent sur la mine pour contrôler les quantités de minerai extraites, exportées et traitées sur place.

Impôt des mines. — C'est l'exploitant qui paye l'impôt des mines. Cet impôt est insignifiant depuis qu'on a supprimé l'impôt proportionnel sur les produits bruts, pour ne conserver que la redevance fixe par hectare qui a été doublée : cette redevance est aujourd'hui de 25 francs par hectare.

Acquisition des gîtes. — Lorsque les Sociétés ont acheté les gîtes qu'elles exploitent, elles en ont le plus généralement payé le prix au moyen d'actions libérées émises à cet effet et après remboursement en argent des dépenses effectivement faites par les propriétaires.

La valeur attribuée à l'apport et ainsi payée en actions, varie considérablement suivant l'état des gîtes acquis. Elle est habituellement au moins égale à la moitié du capital nominal lorsque le gîte n'est connu que par ses affleurements, et elle croît très rapidement dès qu'il y a des travaux faits : elle est considérable si le gîte est en exploitation. Et cela se comprend sans peine dans un pays où les redevances par tonne s'élèvent souvent à 5 francs, et où les productions annuelles dépassent vite 100.000 tonnes. Il faut que les actions données en représentation de l'apport assurent aux propriétaires qui se désaisissent de leurs gîtes plus de 500.000 et 600.000 francs de rente pour les décider à abandonner les redevances colossales qu'ils voient toucher par quelques heureux concessionnaires.

Capital social. — En général, le capital social comprend :

1° Un *capital nominal actions* calculé de manière à fournir par *l'émission d'actions mises en souscription publique* l'argent nécessaire à l'organisation de l'exploitation, soit 2 à 3 millions de francs, et à payer par des *actions entièrement libérées* la valeur des apports;

2° Un *capital obligations* produit par des émissions successives d'obligations faites lorsque la mine commence à être en production, pour fournir le *fonds de roulement* qui, dans ces affaires, est toujours considérable lorsque l'on traite les minerais sur place, parce qu'il comprend, en même temps que le coût des minerais qui restent en tas près de six mois pour le grillage, la valeur de la fonte employée à la précipitation.

Il paraît admis dans la province que la totalité du fonds de roulement doit être fournie par des obligations.

Lorsqu'il n'y a pas d'actions d'apport, c'est-à-dire lorsque les gîtes sont loués à redevance, on fait souvent un capital actions double de ce dont on a besoin et on ne fait faire sur les actions, toutes mises en souscription dans ce cas, que les deux premiers versements. Cela permet d'avoir, par l'appel des deux versements restant à faire, des ressources nouvelles avec lesquelles on peut, le cas échéant, donner du développement à l'affaire. Mais toujours le fonds de roulement est fait au moyen d'obligations.

Rémunération donnée au capital. — La rémunération donnée au capital par l'exploitation est généralement très élevée :

Elle est de 14 p. 100 pour les mines de Rio-Tinto dont le capital est colossal. Elle est beaucoup plus forte pour les affaires dont le capital n'est pas exagéré. Elle a été de 40 p. 100 pour les mines de Cueva-de-la-Mora qui, parmi les affaires actuellement en exploitation, est la dernière créée : et cette Société passe pour devoir distribuer 60 p. 100 pour l'exercice actuellement en cours.

II

ÉTUDE DES GITES RECONNUS DANS LES CONCESSIONS

D'AGUAS-TENIDAS

Territoire occupé par les concessions d'Aguas-Tenidas.

Le territoire occupé par les concessions dites d'Aguas-Tenidas est une petite vallée transversale — la *vallée d'Aguas-Tenidas* — de direction est-ouest, déversant ses eaux dans l'*Olivarga* qui coule là du nord au sud. Cette vallée qui a 6 kilomètres environ de longueur suivant une direction générale formant un angle de 110 degrés à l'est avec le méridien magnétique, part du plateau qui donne naissance au *Rio-Tamujoso*, coulant vers la rivière *Oraque* et où passent : à l'ouest, le chemin de fer de Huelva-Zafra et, à l'est, la route du *Cerro* aux mines de San-Telmo et de Poyatos. Cette route suit à peu près la ligne de partage des eaux entre l'Oraque et l'Olivarga.

Voir la carte ci-annexée, — Planche V ci-contre, — qui donne la disposition des lieux.

La borne occidentale des concessions qui couvrent sur une largeur de 300 mètres les 3.500 mètres supérieurs de la vallée est à 400 mètres environ à l'est du Rio-Tamujoso, et à 950 mètres environ du chemin de fer Huelva-Zafra.

La station qui doit être établie au kilomètre 64, au lieu dit *Val-de-la-Musa*, est à 1.200 mètres environ au sud-ouest de cette borne.

La borne orientale des concessions est à environ 2.000 mètres de l'Olivarga, et le *gîte de la Cueva-de-la-Mora*, qui est en exploitation depuis près de quatre ans, est à 2.000 mètres environ au nord-est de cette borne sur la rive opposée de l'Olivarga.

4

Orographie et hydrographie de la vallée d'Aguas-Tenidas.

La vallée d'*Aguas-Tenidas*, qui doit son nom à la couleur des eaux ferrugineuses du rio qui en occupe le thalweg, est une vallée étroite à forte pente qui va en se resserrant à mesure qu'elle approche de l'Olivarga.

Les coteaux qui en forment le versant nord sur lequel se trouvent principalement les gîtes métallifères, sont à des hauteurs au-dessus du rio, qui varient de 15 à 50 mètres, tandis que, sur le versant sud, ces coteaux à pentes généralement plus faibles, ne s'élèvent guère à plus de 35 mètres au-dessus du fond de la vallée.

La pente générale de la vallée est, sur les 3,500 mètres supérieurs que j'ai étudiés, d'environ 100 mètres, soit d'environ 28 millimètres par mètre, ce qui assure l'écoulement naturel et facile vers l'Olivarga des eaux qui proviendront des travaux, sans interdire la remonte, vers le plateau où passe le chemin de fer qui doit les emporter des produits destinés à la vente.

Le rio n'a d'eau qu'en hiver, pendant six mois de l'année, dans les premiers mille mètres de la partie supérieure dite *Barranco-de-las-Escorias*; la partie inférieure en avait un volume notable en juillet, lors de ma visite; tout le terrain en fournit en tout temps, dès qu'on y pénètre d'une dizaine de mètres.

Constitution géologique de la vallée.

La *région minéralisée* — qui est la vallée même et, particulièrement, dans les deux premiers tiers supérieurs, le versant nord de la vallée — est formée de *schistes anciens* qui, dans les 300 mètres de largeur des concessions, et, sur toute leur longueur, sont pénétrés par des *porphyres* intercalés dans les schistes dont ils suivent la direction. Ces porphyres forment même, à bien dire, au nord et au sud, deux masses continues distantes l'une de l'autre de 2 à 300 mètres à l'ouest et de 4 à 500 mètres à l'est comprenant entres elle la zone minéralisée. Dans la partie la plus large, les *schistes* montrent, en plusieurs points, des lentilles de porphyres interstratifiés sur d'assez grandes longueurs.

La *direction générale* suivant laquelle sont orientés les schistes et les porphyres est d'environ 110 degrés à l'est sur le méridien magnétique. C'est la direction même de la vallée, c'est celle des gîtes qui s'y rencontrent, et c'est celle de la généralité des gîtes cuivreux de la province de Huelva.

Le *pendage* n'est pas net. C'est-à-dire que, en plusieurs points, les schistes ont une tendance à plonger vers le nord, alors qu'en d'autres ils plongeraient légèrement vers le sud; dans l'ensemble de la vallée, ils s'éloignent peu de la verticale, et, autant qu'on en peut juger d'après les points où des travaux (tranchées ou puits) permettent de reconnaître l'allure en profondeur, les schistes pendants vers le nord à la partie supérieure s'infléchissent rapidement vers le sud en profondeur.

Les *schistes* compris entre les porphyres sont profondément métamorphisés par eux.

CORTEGANA .

CARTE MONTRANT LA SITUATION DES MINES D'AGUAS·TENIDAS

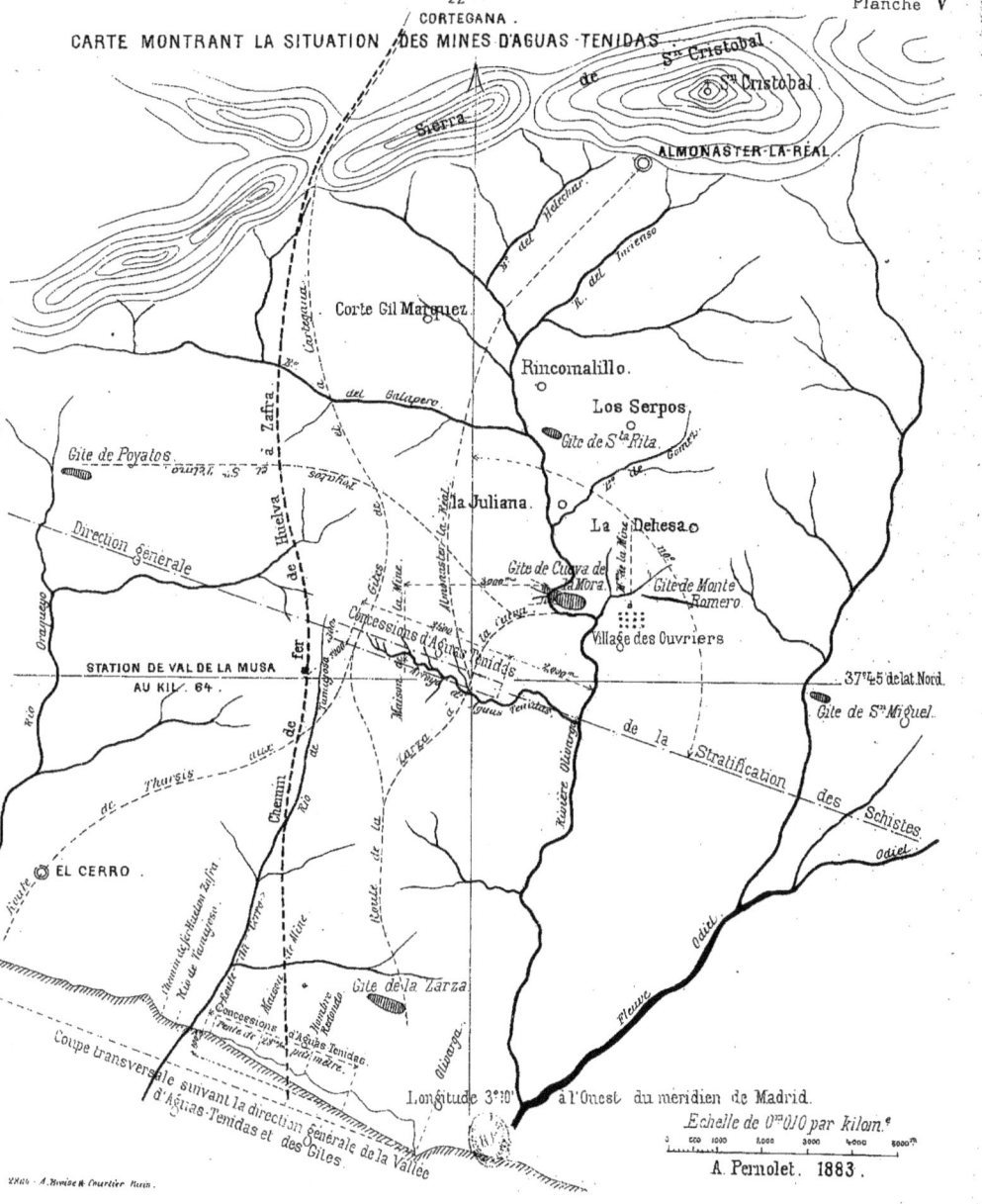

Ste Cristobal

de S^n Cristobal

Sierra

ALMONASTER·LA·REAL

Corte Gil Marquez

Rincomalillo .

Los Serpos ,

Gite de Sta Rita .

la Juliana .

La Dehesa

Gite de Poyatos .

Direction générale

Gite de Cueva de la Mora .

Gite de Monte Romero .

Village des Ouvriers .

Concessions d'Aguas·Tenidas

STATION DE VAL DE LA MUSA
AU KIL. 64 .

37° 45 de lat. Nord .

Gite de S^n Miguel .

de la Stratification

des Schistes

odiel

Thursis

EL CERRO .

Gite de la Zarza .

Concessions
d'Aguas·Tenidas .

Coupe transversale suivant la direction générale de la Vallée
d'Aguas·Tenidas et des Gites .

Longitude 3°10' à l'Ouest du méridien de Madrid .

Echelle de 0^m 010 par kilom.^e

A. Pernolet. 1883 .

Ils présentent quatre variétés principales :

Des *schistes légèrement ferrugineux*, à schistozité bien marquée, qui forment la grande masse ;

Des *schistes bleuâtres*, à feuillets plans réguliers, se découpant en ardoises épaisses ;

Des *schistes blancs*, à feuillets contournés, avec plus ou moins de quartz en lentilles minces intercalées dans la stratification même. Ces derniers schistes, plus ou moins porphyriques et plus ou moins décomposés, sont habituellement à proximité, souvent même au contact immédiat des gîtes cuivreux ;

Enfin, des *schistes violacés*, qui se rencontrent en des points peu nombreux et au voisinage des gîtes de manganèse ;

Les *porphyres* qui paraissent en un très grand nombre de points de chaque côté et même dans l'intérieur de la concession, sont :

Des *porphyres blancs ou roses* à pâte généralement homogène ;

Des *porphyres foncés*, plus rares, verdâtres ou noirâtres ;

Des *roches métamorphiques* passant du porphyre normal à des porphyres schisteux très voisines des schistes. Les schistes blancs voisins des gîtes en sont un exemple.

Ces porphyres se montrent, ainsi que je l'ai dit, en deux masses principales comprenant entre elles l'ensemble des gîtes, et en lentilles plus restreintes, intercalées entre les deux gîtes du nord et le gîte du centre, particulièrement vers l'est.

Des *pointements quartzeux blancs*, plus ou moins développés en direction, mais toujours intercalés dans la stratification des schistes dont ils ont par conséquent l'orientation, paraissent en quelques points et semblent des concentrations accidentelles du quartz qui est habituellement contenu dans les schistes blancs décomposés.

Ce quartz m'a semblé plus fréquent au voisinage de la minéralisation et, alors, il est plus ou moins rouge. Sur les parties minéralisées il est tout à fait rouge, quelquefois caverneux et pénétré de veines d'oxyde de fer ou de manganèse qui s'y montrent parfois en croûtes brunâtres. Il constitue, lorsqu'il présente ces caractères sur les affleurements ou *crestones*, comme disent les Espagnols, les indices de minéralisation les plus sûrs.

Minéralisation de la vallée d'Aguas-Tenidas.

Dans cette zone de quelques cents mètres de largeur qui, sur les 3.500 mètres étudiés dans les concessions, est partout comprise entre des porphyres, la minéralisation se révèle par une succession d'affleurements tellement continus suivant la direction des schistes et tellement régulièrement distribués sur au moins trois lignes principales ayant exactement la direction de la stratification générale de ces schistes, que l'on ne peut pas douter de l'existence d'au moins trois gîtes se poursuivant sur 2.940 mètres pour le gîte le plus au nord, sur 2.100 mètres pour le second gîte qui paraît à 29 mètres environ au sud du premier, sur 1.100 mètres pour le troisième gîte qui paraît à 78 mètres au sud du second, et sur 5 à 600 mètres pour le quatrième gîte qui paraît à 88 mètres environ au sud du troisième.

Affleurements d'Aguas-Tenidas.

Les affleurements que j'ai constatés dans les concessions d'Aguas-Tenidas sont de deux sortes :

Les uns, *en roches tendres*, forment dans la topographie générale du terrain des dépressions faibles d'une teinte rougeâtre comprises entre deux salebandes d'un schiste plus résistant qui fait saillie de chaque côté.

Les autres, *en roches dures*, quartzites ou quartz imprégnés de fer, formant des crêtes qui émergent au milieu des broussailles, ou schistes très quartzifères de couleur rouge, ou enfin schistes ordinaires rougeâtres, finement feuilletés avec taches noires dans les feuillets. Ce sont ces schistes ordinaires qui, lorsqu'ils deviennent tendres par la substitution d'un ciment argileux au ciment siliceux, produisent les dépressions rougeâtres dont j'ai parlé plus haut.

Situation des parties minéralisées d'Aguas-Tenidas.

En général, l'étude extrêmement minutieuse que j'ai faite des affleurements de tous les gîtes apparents dans la vallée d'Aguas-Tenidas, en les suivant successivement tous les quatre le marteau à la main, et en faisant partout où cela me semblait offrir quelque intérêt une coupe en travers, me paraît établir que :

Les parties les plus minéralisées, à en juger du moins par le degré apparent de minéralisation du chapeau de fer, sont à proximité du porphyre, rarement au contact même. Des schistes plus ou moins métamorphisés les en séparent, et *le schiste le plus voisin du minerai est presque constamment blanc* avec noyaux de quartz, parfois très friable au contact du minerai.

Il est à noter que ce même *schiste blanc,* — plus ou moins porphyrique, — forme dans toute la province la *Salebande* des gîtes en exploitation. Il est considéré, lorsqu'il accompagne les affleurements, comme le signe le plus favorable d'une minéralisation abondante.

Zones séparant les affleurements.

Les zones séparant les affleurements sont essentiellement composées de *schistes* plus ou moins variés; elles n'ont que 29^m,70 — 78^m,21 et 88^m,42 de largeur moyenne (*), et, sur ces largeurs, elles ne présentent :

Entre les deux premiers gîtes du nord, que ces *schistes blancs*, qui sont les salebandes caractéristiques des gîtes cuivreux de la province de Huelva ;

Entre le groupe des deux gîtes du nord et le gîte du centre, j'ai constaté, sur les

---

(*) Les largeurs données ci-dessus, comme celles données pour les affleurements eux-mêmes, sont les largeurs obtenues en prenant la moyenne arithmétique des largeurs mesurées sur le terrain, et données sur les coupes des Planches VI et VII.

Coupe **I**, a 150ᵐ à l'Ouest du **P₁**.

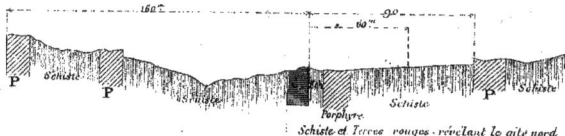

Schiste P P Schiste Schiste P Schiste
Porphyre
Schiste et Terres rouges révélant le gîte nord

Coupe **II**, à 180ᵐ à l'Est du **P₁**.

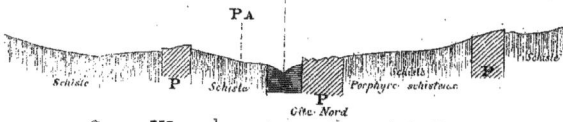

Pₐ
Schiste P Schiste P Porphyre schisteux Schiste P Schiste
Gîte Nord

Coupe **III** par les puits antiques de la Tranchée.

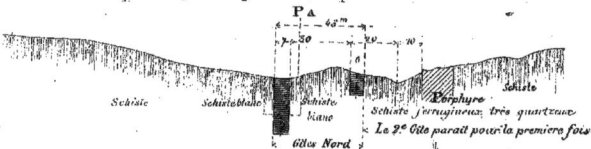

Pₐ
Schiste Schiste blanc Schiste blanc Schiste ferrugineux très quartzeux Porphyre Schiste
Gîte Nord
Le 2ᵉ Gîte paraît pour la première fois

Coupe **IV**, par le puits de las Escorias.

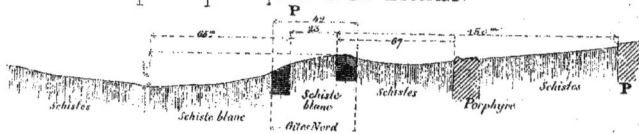

P
Schistes Schiste blanc Schiste blanc Schistes Porphyre Schistes P
Gîte Nord

Coupe **V**, en aval du Barranco de las Escorias.

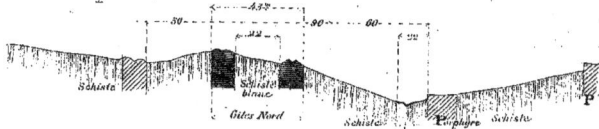

Schiste Schiste blanc Schistes Porphyre Schiste
Gîte Nord

Coupe **VI**, par le Puits del Camino

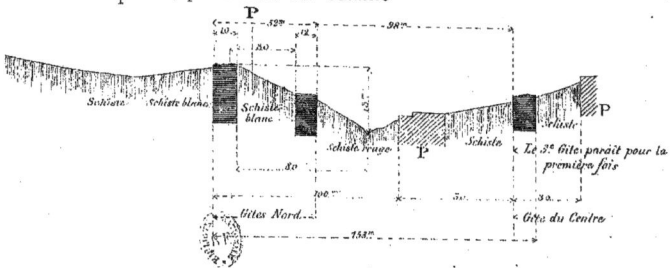

P
Schiste Schiste blanc Schiste blanc Schiste rouge P Schiste P
Le 3ᵉ Gîte paraît pour la première fois
Gîtes Nord Gîte du Centre

(8731.865) J. Brosse & Courtier Paris.

Coupe **VII**, à l'ouest de l'Hombre Redondo.

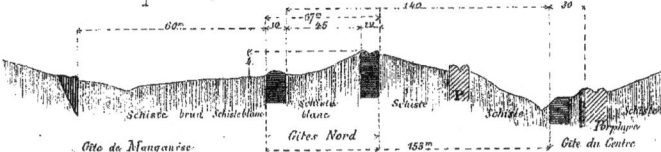

Coupe **VIII**, par l'Hombre Redondo, suivant la rivière

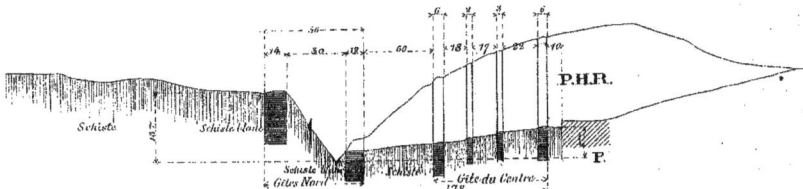

Coupe **IX**, à l'ouest du Puits Napoléon.

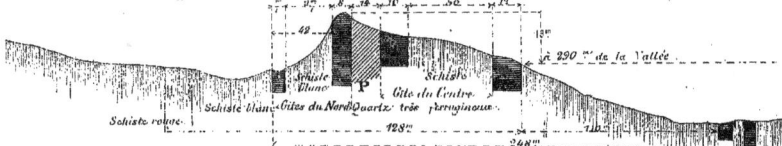

Coupe **X**, par le Ravin du Puits Napoléon.

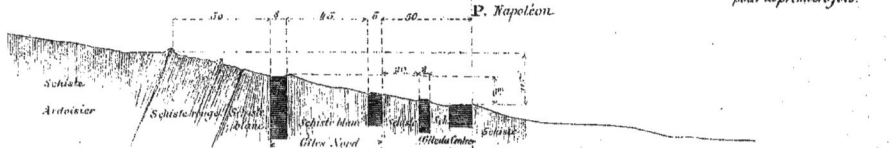

Coupe **XI**, par le Puits de los Nueve Metros.

Coupe **XII**, par le Chemin d'Almonaster

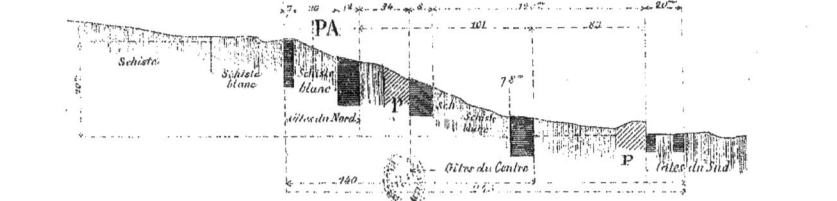

(1™ 30 . 8 . 83) A. Broise. R.° Courtier. Paris.

2.000 mètres supérieurs de la vallée, des masses de porphyre presque continues, et sur les 1.100 mètres suivants, particulièrement sur les 650 mètres inférieurs, jusqu'à deux et trois affleurements de cette roche ayant une certaine largeur. (Voir à ce sujet les coupes transversales, — Planches VI et VII ci-contre.)

Entre le gîte du centre et le gîte du sud, les 88^m,42 de schiste m'ont paru ne contenir que quelques pointements de porphyre.

Phénomènes géologiques transversaux ayant affecté la vallée d'Aguas-Tenidas.

Il est à remarquer que, en aucun point de la vallée, il n'y a trace d'accident géologique : faille, filon ou autre, ayant coupé transversalement les schistes ; les deux inflexions brusques que présente la rivière à la rencontre du monticule dénommé l'*Hombre-redondo*, sont produites par des masses porphyriques qui barrent la rivière d'abord au sud pour la renvoyer ensuite au nord et finalement encore au sud-est où elle coule définitivement en aval de l'Hombre-redondo.

Plan de la vallée d'Aguas-Tenidas.

Je donne sur le plan ci-annexé, — Planche X, — que j'ai levé sur place au pas et à la boussole, en relevant les hauteurs au moyen d'un baromètre de poche, et sur les coupes longitudinales et transversales, — Planches VI et VII, — toutes les constatations que j'ai pu faire sur place.

Elles établissent clairement, selon moi, qu'il y a là une région remarquablement minéralisée, et qui peut servir de base à une affaire considérable, ainsi que le démontre la suite de ce travail.

Répartition de la minéralisation dans la vallée d'Aguas-Tenidas.

La minéralisation de la vallée d'Aguas-Tenidas peut être représentée par le diagramme suivant, — Planche VIII, — sur lequel j'ai indiqué à l'échelle et avec leurs positions relatives, la longueur et la puissance des affleurements constatés et des zones stériles qui les séparent.

Ce diagramme montre très nettement que, sur une largeur maxima de 254 mètres, la minéralisation s'est propagée dans les stratifications des schistes, sous l'influence des éruptions porphyriques :

Sur 2.910 mètres de longueur pour le gîte du nord, avec une puissance moyenne qui, pour les 2.000 mètres inférieurs, est de 8^m,75 en moyenne aux affleurements ;

Sur 2.100 mètres de longueur pour le second gîte, dont les affleurements présentent une puissance moyenne de 9^m,12 ;

Sur 1.100 mètres de longueur pour le gîte du centre, dont les affleurements présentent une puissance moyenne de 13^m,57 ;

Sur 545 mètres de longueur seulement pour le gîte du sud qui présente une puissance moyenne de 15 mètres divisée par des parties stériles en plusieurs points.

Concessions prises pour assurer la possession des gîtes d'Aguas-Tenidas.

Les *concessions* prises ou acquises dans la partie haute de la vallée d'Aguas-Tenidas sont marquées sur le plan en traits interrompus réunissant les bornes placées sur le terrain.

J'ai constaté que, aux extrémités occidentale et orientale, les bornes qui définissent les deux petits côtés du rectangle, comprenaient entre elles les prolongements des affleurements, et, comme la direction des limites nord et sud du rectangle concédé est celle même des affleurements, j'en conclus que la possession des concessions prises assure bien la possession de tous les affleurements constatés par moi, et par conséquent des gîtes qu'ils recouvrent.

Ces concessions sont :

Aguas-Tenidas, d'une étendue de................	26 hectares.
Enveloppant les concessions :	
Bella-Hollandesa d'une étendue de.............	4 —
Et Calanesa d'une étendue de.................	4 —
Olivarga, d'une étendue de..................	46 —
Enveloppant la concession :	
Santa-Luisa d'une étendue de................	17 —
San-Pedro d'une étendue de.................	12 —
Soit une étendue de........	111 hectares.

qui a été portée à 112 hectares par la régularisation du périmètre établi de manière à former une surface continue.

Minéralisation correspondant aux affleurements constatés à Aguas-Tenidas.

Les caractères généraux présentés par les affleurements constatés à Aguas-Tenidas sont identiques, à quelques nuances près, à ceux que j'ai constatés pendant ce même voyage au gîte de [cuivre de Cueva-de-la-Mora, au gîte de Lagunazo, et aux trois gîtes de Tharsis. Si, conformément à l'usage des mineurs du pays, on admettait pour puissance des gîtes celle des affleurements, on pourrait déduire de la constatation minutieuse que j'ai faite de l'existence des affleurements précédemment définis, l'existence à une profondeur variable de masses exploitables de plusieurs mètres de puissance.

A Aguas-Tenidas, il y a, à cet égard, plus qu'une probabilité d'analogie, il y a aux deux tiers de la longueur du Barranco-de-las-Escorias, au point P, du plan, une tran-

DIAGRAMME

donnant, d'après les mesures relevées sur leurs affleurements, la

Position relative, le Développement en direction et la Puissance des Gîtes

d'Aguas -Tenidas .

(L'Échelle des largeurs est dix fois celle des longueurs.)

Concessions d'Aguas-Tenidas

Longueur totale 8.500

Porphyre

Coupe I · Coupe II · Coupe III · Coupe IV · Coupe V · Coupe VI · Coupe VII · Coupe VIII · Coupe IX · Coupe X · Coupe XI · Coupe XII

Gîte I. 8.15

Gîte II. 9.12

Gîte III. 13.57

Gîte IV. 15.00

Gîtes du Sud

N.B. *Les hachures sont d'autant plus noires et serrées que les affleurements sont mieux caractérisés.*

Méridien

Échelle des longueurs : 0ᵐ005 pʳ 100 m.
Échelle des largeurs : 0ᵐ005 pʳ 70 m.

A. Pernolet. _ 1883.

/2876) A. Broise & Courtier Paris .

chée de 6 mètres faite sur l'affleurement du gîte nord, jusqu'au niveau de la vallée, et qui montre très nettement comment les terres rougeâtres des affleurements deviennent, au-dessous du niveau d'écoulement des eaux, un gîte exploitable : là, en effet, — voir la coupe ci-annexée Planche IX, — le schiste rougeâtre de l'affleurement qui, à la surface, avait, entre ses deux salebandes de schistes blancs décomposés, 4 mètres de puissance, conduit, à 6 mètres de profondeur, à un gîte de pyrite cuivreuse massive qui a également 4 mètres de puissance. On a suivi ce gîte par une descendrie faite dans le *minerai* jusqu'à la profondeur de 16 mètres, soit à 20 mètres de la surface, et, à cette profondeur, le gîte, toujours compact et parfaitement homogène, a 4^m,70 de puissance.

Ce fait, constaté par moi, semble justifier assez complètement la loi admise par les mineurs du pays, pour qu'on soit en droit de dire que les affleurements si nets des autres parties des différents gîtes de la concession correspondent également à des masses minérales considérables, bien que les travaux faits jusqu'à ce jour n'aient encore mis le fait en évidence que pour les six points très éloignés les uns des autres dont il va être question.

Travaux anciens.

J'ai marqué sur le plan donné précédemment tous les travaux anciens que j'ai pu relever dans les concessions, et on peut voir sur ce plan que ces travaux sont concentrés :

Sur les 1000 premiers mètres de la vallée, et particulièrement dans le *Barranco-de-las-Escorias*, qui est la partie supérieure de la vallée d'Aguas-Tenidas;

Et sur les 450 premiers mètres des 700 derniers mètres de la partie orientale de la concession, un peu à l'est du petit col sur lequel passent la route de la Zarza à la Cueva-de-la-Mora, et le chemin d'Almonaster.

Tous les travaux anciens que j'ai vus consistent en puits effondrés et remplis de déblais, quelquefois même ils ne sont révélés que par des dépressions circulaires indiquant qu'au centre il y a eu quelque travail, avec haldes sur les bords.

Ils sont marqués sur le plan par les lettres PA, PA$_2$, PA$_3$, PA$_4$, PA$_5$ et PA$_6$.

Scories anciennes.

Sur les deux tiers inférieurs du Barranco-de-las-Escorias, de chaque côté de la vallée et à proximité des puits anciens, on trouve des amas de scories anciennes.

Ces amas sont en général de forme circulaire de 8 à 15 mètres de diamètre à la partie supérieure qui, peu élevée au-dessus de la vallée, constitue comme une espèce de plate-forme au centre de laquelle se trouvait, suppose-t-on, le petit four circulaire dans lequel les anciens fondaient les minerais.

Ces scories se rencontrent principalement aux élargissements de vallées constitués par la rencontre de ravins transversaux; on en trouve un peu partout sur les 900 mètres inférieurs du *Barranco-de-las-Escorias*, dans la région marquée sur le plan comme *particulièrement* riche.

Ces scories ont une couleur spéciale, qui est considérée comme caractéristique des scories produites par la fusion des minerais riches en cuivre.

Généralement elles sont elles-mêmes très pauvres et ne pourraient être retraitées avec profit.

Travaux actuels faits sur les gîtes d'Aguas-Tenidas.

Jusqu'à ce jour, il a été fait sur les gîtes que révèlent si clairement les affleurements constatés dans la vallée d'Aguas-Tenidas, les travaux suivants :

1° Sur *le gîte du nord*, des travaux établissant l'existence d'un gîte immédiatement exploitable, et deux puits creusés à 800 mètres l'un de l'autre pour devenir les centres d'exploitations régulières organisées sur les deux gîtes du nord qui sont assez rapprochés pour pouvoir être exploités simultanément;

2° Sur le *gîte du centre*, des travaux destinés à reconnaître le gîte.

Travaux établissant l'existence en profondeur des gîtes du nord.

Les travaux entrepris pour établir l'existence en profondeur du gîte du nord sont au nombre de 7, marqués sur le plan par les lettres P_1, P_2, P_3, P_4, P_5, P_6 et P_7.

Pozo secundo poniente. — Le premier — *Pozo secundo poniente* P_1 — est un puits antique, situé à 375 mètres de la limite de concession occidentale, au centre de la région où paraissent pour la première fois du côté de l'ouest des caractères de minéralisation notables, entre un pointement de porphyre au sud et des schistes ferrugineux au nord, et à proximité d'un second puits antique PA et de haldes anciennes assez abondantes.

Ce puits, qui est rempli de décombres, n'a encore été déblayé que jusqu'à la profondeur de 2 mètres, et il m'a paru être dans le toit du gîte.

Pozo primero poniente. — Le second — *Pozo primero poniente* P_2 — est un puits antique, situé à 450 mètres à l'est du premier, à proximité et au toit, à $8^m,50$ au sud, d'affleurements très caractérisés, avec schistes blancs métamorphiques.

Il a été déblayé, élargi et approfondi jusqu'à la profondeur de 17 mètres.

Il a rencontré le toit du gîte à la profondeur de $10^m,50$, et n'en n'était pas sorti à la profondeur de 17 mètres.

A la profondeur de 14 mètres, on a rencontré des galeries en direction allant à 14 mètres à l'ouest et à 27 mètres à l'est. Ces galeries n'ont en aucun point enlevé

GITE NORD D'AGUAS TENIDAS.

Coupe transversale faite par le Puits incliné.

montrant comment les terres ferrugineuses de l'affleurement
deviennent en Profondeur un gîte de Pyrite cuivreuse massive.

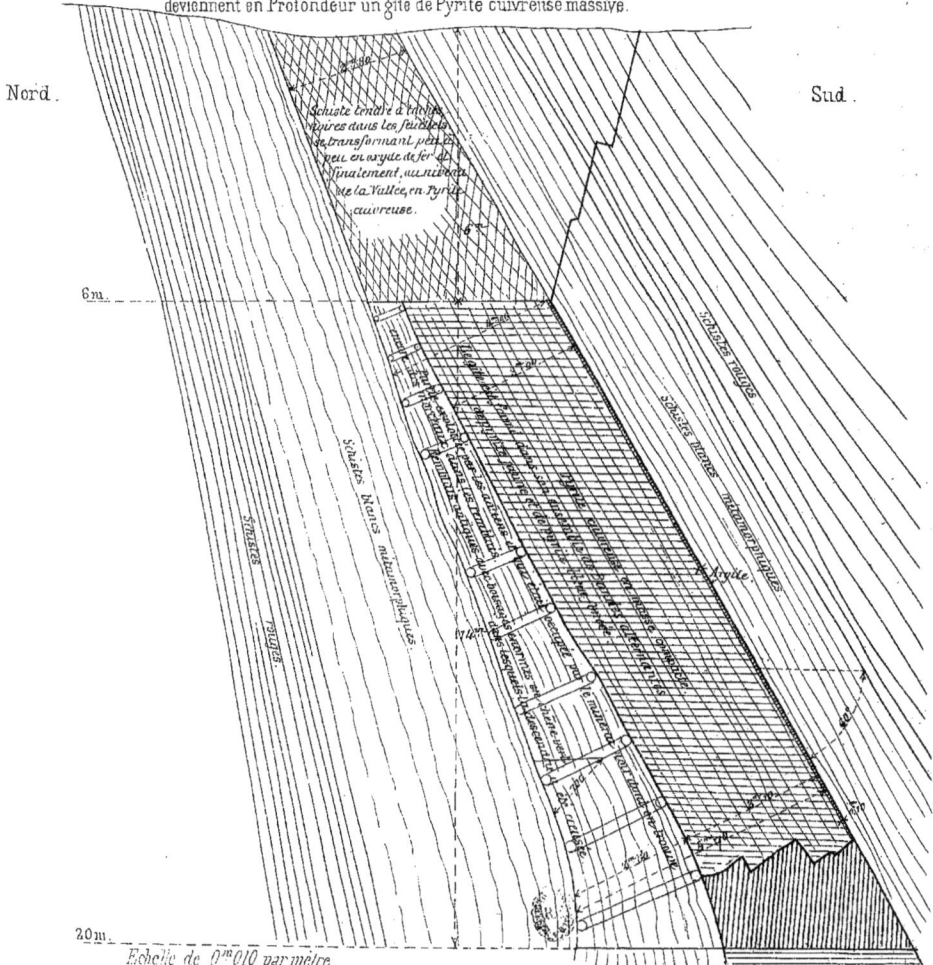

Nord.

Sud.

Schiste tendre à taches noires dans les feuillets se transformant peu à peu en oxyde de fer et finalement, au niveau de la Vallée, en Pyrite cuivreuse.

6 m.

Schistes blancs métamorphiques.

Schistes rouges.

Schistes rouges.

Schistes blancs métamorphiques.

Pyrite.

20 m.

Échelle de 0ᵐ010 par mètre.

A. Pernolet. — 1883.

tout le remplissage du gîte, qui a présenté sur cette longueur de 28 mètres une puissance de 2 mètres à 4ᵐ,75. Le gîte présentait là un pendage très raide et le remplissage, à en juger par les tas de minerai extrait, car l'eau qui avait envahi les travaux ne m'a pas permis d'y descendre, était formé de pyrite cuivreuse rubanée très compacte avec minerai noir au mur.

J'ai prélevé sur les deux tas de minerai qui étaient à la surface deux échantillons dont la teneur a été la suivante :

Minerai noir. — Minerai restant après prélèvement des parties les plus riches qui avaient été vendues par lots importants :

15,95 p. 100 de cuivre, 202 grammes d'argent à la tonne de minerai.

Minerai pauvre. — Du tas d'environ 100 tonnes, produit par la séparation faite à la main d'une classe riche vendue telle quelle.

5,25 p. 100 de cuivre, 105 grammes d'argent à la tonne de minerai.

Il ne m'a pas été possible de savoir d'une façon un peu précise quelle était la proportion des trois classes de minerai faite dans le minerai tout venant donné par le gîte.

Pozo inclinado. — Le troisième — *Pozo inclinado*, P₃ — est un puits neuf situé à 240 mètres à l'est du précédent. Il a été creusé au fond d'une tranchée faite sur l'affleurement à 20 ou 30 mètres en aval d'un ensemble de trois puits antiques PA₂, creusés à 10 ou 12 mètres l'un de l'autre, et d'un amas de scories important. Ce puits, commencé au fond d'une tranchée à 6 mètres de la surface, entre deux bancs de schistes blancs formant le mur et le toit du gîte, qui avait là une ouverture de 4 mètres, a montré, jusqu'à la profondeur de 14 mètres, — soit de 20 mètres de la surface, — un gîte très régulier dont le mur présentait un pendage de 70 à 72 degrés au sud, et le toit un pendage de moins en moins raide qui, au fond, était de 60 degrés environ.

La puissance totale était, au fond du puits, de 5ᵐ,70. Elle se réduisait à 4ᵐ,75 à l'extrémité d'une galerie en direction de 8 mètres de longueur marchant vers l'est.

Le gîte se composait là, comme dans le puits, d'une masse compacte de pyrite cuivreuse de 3 mètres à 3ᵐ,10 de puissance, avec salebande argileuse de quelques centimètres d'épaisseur au toit, tandis que le mur était occupé, sur 1 à 2ᵐ,70, par des remblais antiques mêlés de boisages énormes très rapprochés, en chêne vert : dans ces remblais on trouve du *minerai noir*.

Au moyen d'un avancement de 0ᵐ,50 fait dans la galerie, en marchant vers l'est, j'ai prélevé un échantillon dont la teneur a été la suivante :

8,95 p. 100 de cuivre, 302 grammes d'argent à la tonne de minerai.

5

Un morceau bien caractérisé de *minerai noir* ou *negrillo* que j'ai pris dans les remblais antiques, comme échantillon bien net de negrillo a donné la teneur suivante :

24.050 p. 100 de cuivre, 185 grammes d'argent.

Pozo de desague. — Le quatrième — *Pozo de desague*, P_4 — est un puits neuf situé à 60 mètres à l'est du précédent. Il a été creusé dans le mur et à 3 mètres environ du gîte, qui ne présentait là que $0^m,90$ d'ouverture à l'affleurement, au centre d'une plate-forme créée par la correction du lit du Rio-de-las-Escorias, à proximité d'un puits antique et d'un amas de scories. Creusé dans les schistes jusqu'à la profondeur de 15 mètres, il a reconnu le gîte par une galerie à travers bancs menée au sud à la profondeur de 14 mètres ; cette galerie a recoupé le gîte à $5^m,50$ du puits.

Au point de rencontre, le gîte a présenté une puissance de $2^m,50$ en minerai massif. On a fait vers l'ouest une galerie en direction qui avait, lors de ma visite, 6 mètres de longueur. A l'extrémité de cette galerie, le gîte présentait une ouverture totale de $1^m,80$, qui, en couronne, offrait un remplissage massif de pyrite cuivreuse, séparé du schiste blanc du toit et du schiste plus foncé du mur par quelques centimètres de salebande argileuse ; dans le milieu et à la sole de la galerie, le remplissage se réduisait à $0^m,80$ de pyrite cuivreuse massive au toit, et à $0^m,10$, de minerai noir séparé du mur par 1 mètre environ d'une roche blanche filonienne complètement décomposée, avec noyaux de quartz blancs ou rouges et fragments de schiste plus ou moins rouge du mur, qui était séparé de ce remplissage bréchiforme par une veine de quartz blanc.

Le pendage, toujours au sud, était de : 72 degrés pour le mur et de 82 degrés pour le toit.

Au moyen d'un avancement de $0^m,50$ fait dans le gîte sur toute la section du gîte qui là se trouvait divisé par le fait de l'abatage en deux, banc du toit et banc du mur, comme au puits précédent, j'ai prélevé deux échantillons dont la teneur a été la suivante :

Minerai du toit.

8,20 p. 100 de cuivre, 103 grammes d'argent à la tonne de minerai.

Minerai du mur.

6,05 p. 100 de cuivre, 208 grammes d'argent à la tonne de minerai.

Pozillo antiguo. — Le cinquième, — *Pozillo antiguo* P_5 — est un puits antique situé à 5 mètres en aval du précédent, à $2^m,50$ de l'affleurement. Ce puits, déblayé jusqu'à la profondeur de 13 mètres, a mené à une traverse de 6 mètres environ qui a conduit à des travaux antiques suivis en direction et ayant enlevé quelques parties de minerai noir intercalées entre le mur et la pyrite cuivreuse massive. Ces travaux compris entre le puits précédent et celui-ci, paraissent avoir été peu développés. On a mis les deux puits en communication par une galerie suivant le gîte, et on a fait vers l'est une galerie en direction qui, lors de mon passage, avait 6 mètres.

Dans la traverse partant du puits, le gîte présentait une ouverture de $1^m,90$ à $2^m,50$, dont $0^m,40$ à $0^m,60$ au mur en minerai noir presque complètement enlevé par les anciens et remplacé par des déblais et des boisages. Des nécessités de soutènement ne m'ont pas permis de prélever là des échantillons moyens du banc de 1 mètre qui sépare le sol de la galerie d'avancement à l'est, du sol de la traverse du pozo de Desague.

Au front de la galerie en direction, à 6 mètres à l'est de la traverse du pozillo Antiguo, le gîte présentait une ouverture totale de 2 mètres à $2^m,20$, dont $0^m,07$ à $0^m,15$ de salebande blanche argileuse au toit et au mur et $1^m,80$ à $2^m,00$ de pyrite cuivreuse massive.

Le pendage, toujours au sud, était de 70 degrés pour le mur et de 75 degrés pour le toit.

Au moyen d'un avancement de $0^m,50$ fait vers l'est sur toute la section du gîte comme dans les deux chantiers précédents, j'ai prélevé un échantillon dont la teneur a été la suivante :

6,10 p. 100 de cuivre, 104 grammes d'argent à la tonne de minerai.

Pozo de las Escorias. — Le sixième, — *Pozo de las Escorias* P$_8$, — est un puits neuf situé à 220 mètres à l'est du pozo de Desague, dans le toit du gîte, à 3 mètres environ au-dessus du rio qui traverse les affleurements à quelques mètres en aval du pozillo Antiguo et passe ainsi au nord des affleurements, sur une longueur d'environ 400 mètres, en un point où les affleurements sont des plus caractérisés et se poursuivent avec une netteté parfaite sur plus de 300 mètres de longueur, en face d'amas importants de scories qui couvrent la rive gauche du rio à son confluent avec un ravin assez allongé au nord-ouest.

Ce puits, dont l'emplacement a été parfaitement choisi, est actuellement à la profondeur de 12 mètres. On en fera partir une traverse vers le gîte à la profondeur des travaux précédents.

Pozo de los Nueve-Metros. — Le septième, — *Pozo de los Nueve-Metros*, P$_7$ — est un puits antique, situé à 1.780 mètres à l'est du pozo de desague et à 1.560 du pozo de las Escorias, presque à l'extrémité orientale de la ligne si continue des affleurements du gîte nord.

Ce puits, nettoyé jusqu'à la profondeur de 17 mètres, a conduit là à une traverse existante qui a permis de reconnaître un gîte présentant une ouverture totale de $1^m,30$ à $1^m,40$, avec pendage très net au sud.

Le remplissage était de la pyrite cuivreuse identique à celle recoupée dans la partie occidentale du gîte. Le puits étant plein d'eau, je n'ai pu voir moi-même l'allure, pas plus que le remplissage du gîte. Mais j'ai constaté dans les haldes des morceaux de pyrite cuivreuse riche, qui me fait considérer, comme absolument vraies, les indications précédentes qui m'ont été données par le maître mineur.

Puits antiques orientaux. — A 175 mètres environ à l'est de ce puits de los Nueve-Metros, vers le point où la ligne des affleurements cesse d'être nettement marquée à la surface, on rencontre au point marqué PA₁ sur le plan un ensemble de quatre puits antiques très rapprochés qui n'ont pas été déblayés et au delà desquels le gîte ne marque plus à la surface d'une manière évidente.

Travaux faits sur le deuxième gîte du nord.

Aucun travail n'a été fait sur le deuxième gîte du nord, parce que, étant à 30 mètres au plus au sud du premier, et présentant des caractères extérieurs identiques et la même continuité sur une étendue, il est vrai, un peu moindre, puisqu'il commence à 1,000 mètres environ à l'est de l'extrémité occidentale des concessions, tandis que le premier paraît commencer à 375 mètres environ de cette extrémité, on a admis qu'il était de même nature que son parallèle nord, et qu'on le reconnaîtrait très économiquement par les travaux d'exploitation faits sur le gîte nord d'où l'on ferait partir en quelques points des galeries à travers bancs allant au sud recouper le second gîte.

Le puits — *Pozo del Camino* PC — creusé entre les deux gîtes pour devenir le *deuxième siège d'exploitation*, fera cette reconnaissance.

Travaux faits sur le gîte du centre.

Les travaux faits sur le gîte du centre qui présente dans la *partie orientale des concessions*, ainsi que le montre les coupes et le plan, de si évidents caractères de puissante minéralisation, se réduisent aux suivants :

Le puits dit *Pozo de l'Hombre-redondo* PHR, situé au pied et en amont de l'éminence dite de l'Hombre-redondo, au sud d'un affleurement très nettement marqué.

Ce puits qui a actuellement une profondeur de 10ᵐ,50 est dans une roche quartzeuse empâtant des morceaux de schistes et toute imprégnée de pyrite de fer avec mouches de pyrite de cuivre.

Puits antique du gîte du centre. Puits Napoléon. — A 590 mètres à l'est du pozo de l'Hombre-redondo, et presque à l'extrémité de la partie la plus puissante et la plus nettement caractérisée des affleurements du gîte du centre, dans un ravin à forte pente, un puits antique qui passe pour avoir été rouvert il y a 20 ans et abandonné à cause de l'abondance de l'eau, le puits dit *Pozo Napoléon* PN, présente à la surface dans des haldes d'apparence filonienne et très quartzeuse, des morceaux de schistes très siliceux abondamment imprégnés de pyrite cuivreuse.

Travaux faits sur le gîte du sud.

Les travaux faits sur le gîte du sud consistent en au moins trois puits antiques creusés dans la partie orientale du gîte aux points marqués sur le plan PA₄, PA₆ et en divers travaux à ciel ouvert.

Le minerai trouvé dans les travaux abandonnés est de la pyrite cuivreuse.

Résumé des constatations faites à Aguas-Tenidas.

En résumé, si partant de la limite occidentale des concessions, on parcourt, en descendant la vallée, les 3.500 mètres dont ces concessions assurent la possession sur 300 mètres de largeur perpendiculairement à la direction des affleurements, dans la région la plus minéralisée de cette étroite zone, si profondément impressionnée par les porphyres qui la limitent au nord et au sud, on constate les faits suivants :

Minéralisation incertaine du Col. — Sur les 375 *premiers mètres*, à l'ouest, le sol n'offre aucune particularité notable autre qu'un affleurement de porphyre au sud. Il est formé de schistes décomposés, légèrement ferrugineux dans leur ensemble, mais présentant, en deux ou trois points où le schiste est resté intact, des indices de minéralisation.

Section de 810 mètres activement exploitée par les anciens. — A 375 mètres à l'est de la limite, le porphyre se rapproche à 30 ou 40 mètres du schiste ferrugineux pour le suivre sur 450 mètres de longueur, à des distances variant de 0 à 60 mètres. Là, sur un affleurement net, deux puits antiques voisins, et des haldes prouvent que les anciens avaient fait une exploitation, que l'on va reprendre par le puits P₁ dont la vidange est commencée.

Sur ces 450 mètres les caractères extérieurs de la minéralisation se précisent : des quartz imprégnés d'oxyde de fer paraissent en plusieurs points de la ligne des schistes ferrugineux, et à leur extrémité orientale, au point où les affleurements sont le plus nets, le puits antique déblayé P₂ a permis de reconnaître à la profondeur de 13 mètres un gîte de 4ᵐ,75 à 3ᵐ,50 de puissance, que des galeries antiques ont suivi, sans en dépouiller toute la section, sur 38 mètres en direction. Les scories antiques qui paraissent en ce point prouvent l'existence d'une exploitation d'une certaine importance.

Sur les 240 mètres suivants, le sol est couvert de décombres et de scories qui révèlent une exploitation très active dont les seuls travaux encore apparents sont les trois puits antiques très rapprochés PA₂.

Premier siège d'exploitation. — Sur les 60 mètres suivants, les terrassements faits pour établir le premier siège d'exploitation, en déplaçant le lit de la rivière, et en nivelant le sol, ont fait disparaître l'affleurement, mais le puits incliné, le puits d'épuisement et le puits antique P_8 ont établi l'existence à la profondeur de 15, 14 et 13 mètres d'un gîte de $1^m,80$ à $5^m,70$ de puissance.

Soixante mètres plus à l'est un puits antique PA_1, placé sur des affleurements très nets, montre, ainsi que les scories qui abondent dans la vallée au nord, que l'exploitation ancienne avait été fort active sur les 810 derniers mètres considérés.

Premiers affleurements du deuxième gîte. — Sur les 150 derniers mètres de cette première partie travaillée par les anciens, paraît, à une trentaine de mètres au sud du premier gîte et à 25 mètres environ au nord des porphyres, un deuxième gîte, qui, à partir de ce point, va suivre constamment le premier à cette distance de 30 mètres. Aucun travail ancien ne paraît avoir été pratiqué sur ce gîte.

Section de 740 mètres présentant deux lignes parallèles d'affleurements. — Sur les 740 mètres suivants, les deux gîtes sont très nettement marqués par des affleurements presque continus compris entre des schistes blancs métamorphiques pour le gîte du nord et des schistes blancs d'un côté et ordinaires au sud pour le gîte du sud.

Ces schistes blancs semblent les mêmes que ceux de la section travaillés par les anciens, et notamment que ceux des puits inclinés et d'épuisement : ils sont à quelques mètres au sud de pointements porphyriques.

Les schistes ordinaires sont au nord de masses porphyriques qui paraissent aller en s'élargissant vers l'est.

Les affleurements ont de 6 à 12 mètres de puissance, et sont séparés par 20 à 30 mètres de schistes blancs.

Un puits P_6 creusé sur les affleurements et au toit du gîte nord à 160 mètres à l'est du dernier puits antique, prépare l'exploitation de cette section.

Premiers affleurements du troisième gîte. — A l'extrémité orientale de cette section, paraissent à 120 mètres au sud du premier gîte et à 80 mètres du deuxième, et au sud des masses porphyriques signalées précédemment, les affleurements d'un troisième gîte qui paraît à quelques mètres au nord des porphyres formant la limite sud de la zone minéralisée.

Second siège d'exploitation. — En ce point, on a établi entre les deux gîtes du nord un puits à grande section PC destiné à les exploiter simultanément. C'est le puits dit *Pozo del Camino*.

Section de 1.100 mètres présentant trois lignes d'affleurements parallèles. — Sur les 1.100 mètres qui suivent, les affleurements des trois gîtes se poursuivent avec une régularité et une netteté parfaite pour tous les trois, l'intervalle qui sépare les deux premiers restant égal à 30 mètres environ, et presque constamment formé de *schistes blancs* caractéristiques, tandis que l'intervalle qui sépare le troisième gîte des deux premiers montre d'abord sur une largeur de 80 à 120 mètres, et sur une longueur de près de 320 mètres une masse porphyrique très développée qui semble remplacée sur les 660 mètres suivants par un terrain schisteux présentant sur une largeur de 60 mètres environ au nord du troisième gîte jusqu'à quatre affleurements, ce qui donne à penser qu'entre le puits dit de l'Hombre-Redondo et le puits Napoléon, il y a une concentration minérale considérable. — Voir les coupes VIII, IX, X et X des Planches VI et VII.

Un puits placé, au pied et en amont de l'Hombre-Redondo en PHR, au point où paraît commencer cette concentration, est destiné à la reconnaître et à en préparer l'exploitation.

Vers l'extrémité orientale de cette section, le gîte du nord, recoupé à la profondeur de 17 mètres par le puits P_7, a montré là encore une puissance utile de $1^m,40$ en pyrite cuivreuse, ce qui permet de penser que le gîte nord que révèlent à la surface des affleurements aussi continus que réguliers sur 2.910 mètres, existe en profondeur sur cette même longueur.

La minéralisation du troisième gîte est révélée à l'extrémité de la masse principale qui le constitue par les roches quartzeuses chargées de pyrite cuivreuse que l'on trouve dans les haldes du puits Napoléon, et par des terres rouges qui se rencontrent à l'est.

Section des Herreritos. — Sur les 250 mètres suivants, les caractères de la minéralisation subsistent encore dans les affleurements des gîtes du nord jusqu'aux puits antiques PA_4 qui en marquent la fin, mais le troisième gîte ne paraît plus à la surface, et semble remplacé à 100 mètres environ au sud, par 500 à 550 mètres de gîtes de pyrite cuivreuse à 3 ou 4 p. 100 de cuivre compris entre deux masses porphyriques.

Ces gîtes, dont l'ensemble forme le *gîte du sud*, commencent à être marqués à la surface par leurs affleurements 265 mètres plus à l'ouest.

Section pauvre. — Sur les 225 derniers mètres, les affleurements des trois gîtes du nord ne sont plus discernables, et les affleurements du gîte du nord ne sont plus marqués que par des terres rouges et quelques puits antiques.

Voir pour l'intelligence de ce résumé la carte des concessions, — Planche X, les coupes des Planches VI et VII ; — et le diagramme de la minéralisation, — Planche VIII — qui représente graphiquement toutes les constatations faites par moi sur le terrain.

Formation métallifère d'Aguas-Tenidas.

En résumé, la formation métallifère de cette région si intéressante peut être représentée comme composée de trois gîtes parallèles intercalés au voisinage des porphyres dans les schistes anciens, suivant leur direction générale est-ouest, et leur pendage très raide vers le sud.

Le plus au nord de ces groupes, qui se poursuit avec une continuité parfaite sur 2.910 mètres de l'ouest à l'est, est formé sur les 810 premiers mètres à l'ouest d'une masse de pyrite cuivreuse à haute teneur qui, à la profondeur de 15 mètres où elle a été recoupée en quatre points distants de 300 mètres suivant la direction, a une puissance de 2 mètres à 5m,70 ; sur les 2.100 mètres suivant, ce gîte qui, à l'extrémité orientale présente encore une puissance de 1m,40 en minerai à la profondeur de 17 mètres, paraît doublé, à en juger par les affleurements qui, sur toute cette longueur, sont constitués par deux chapeaux de fer de 1 à 12 mètres de largeur, séparés par une trentaine de mètres de schistes blancs métamorphiques.

Le gîte du centre, dont les affleurements ne paraissent très nettement que sur une longueur de 980 mètres, semble de puissance médiocre sur les 320 premiers mètres à l'ouest, tandis que sur le reste de sa longueur et particulièrement sur les 5 à 600 derniers mètres, les affleurements indiquent un gîte très puissant.

Le troisième gîte, qui semble n'avoir qu'une longueur de 500 à 600 mètres, est formé, comme le premier, de deux gîtes de 8 à 10 mètres de puissance, séparés par une intercalation de schistes stériles de 10 à 12 mètres. Ce gîte paraît être la dernière manifestation et la plus faible d'une action minéralisatrice considérable qui se serait produite vers l'extrémité orientale des concessions, et dont l'action semble s'être propagée en direction avec une intensité qui a été en décroissant du nord au sud.

Constitution du gîte du nord.

De ces trois gîtes, le gîte du nord, le plus étendu en direction, est seul connu en profondeur par les divers travaux énumérés précédemment.

Dans ces différents travaux en profondeur j'ai constaté que le gîte du nord présente :

Une *direction* constante faisant comme les schistes qui le comprennent et comme tous les affleurements de la surface, un angle de 110 degrés à l'est avec le méridien magnétique ;

Un *pendage* au sud de 65 à 80 degrés, suivant les points, soit de 72 degrés en moyenne, le mur semblant avoir un pendage plus raide que le toit, ce qui pourrait donner lieu, si cela continuait en profondeur, à une augmentation de puissance ;

Une *puissance* qui a été de :

> 3m,50 au puits primero poniente.
> 5 ,70 au puits incliné, front ouest.
> 4 ,70   —   —   front est.
> 1 ,80 au puits d'épuisement, front ouest.
> 1 ,90 à la traverse du puits antique.
> 2 ,20 au puits antique, front est.
> 1 ,40 au puits des 9 mètres.

Soit 3m,02 en moyenne.

Remplissage du gîte.

Le remplissage du gîte s'est montré parfaitement homogène dans les différents points où il a été recoupé en profondeur : il se compose d'une partie constante au

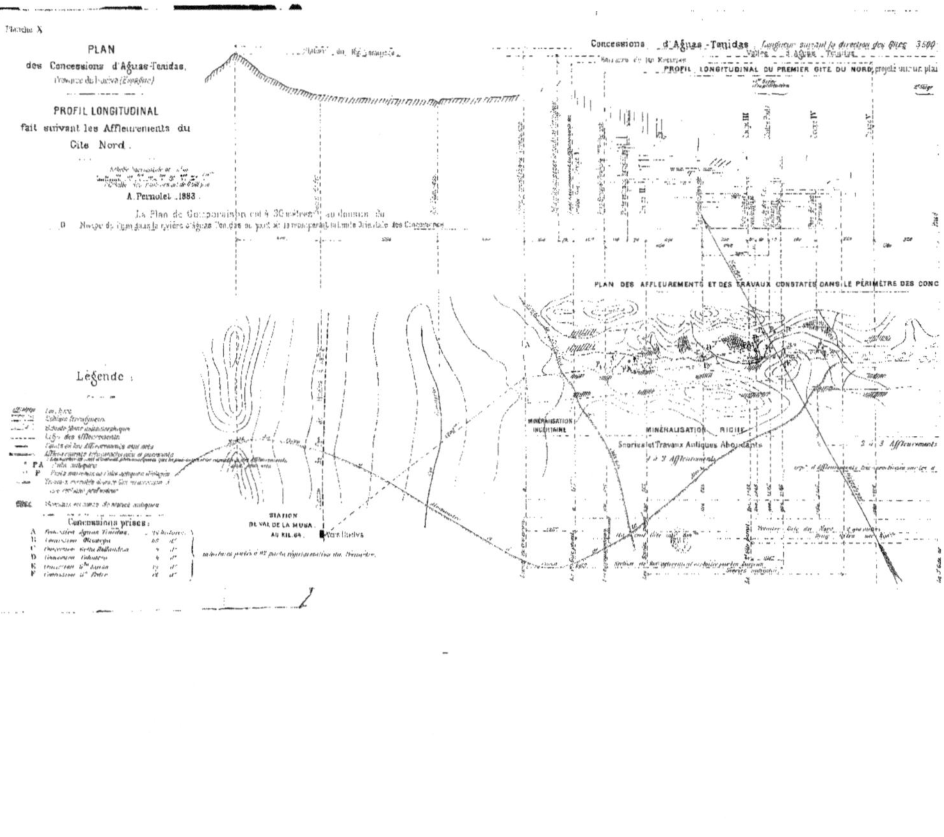

Planche X

PLAN
des Concessions d'Aguas-Tenidas,
(Province de Huelva (Espagne))

PROFIL LONGITUDINAL
fait suivant les Affleurements du
Gite Nord.

A. Pernolet. 1883.

Le Plan de Comparaison est à 30 mètres au dessous du
Niveau de l'eau dans la rivière d'Aguas-Tenidas au point où la rivière passe la limite des Concessions.

Concessions d'Aguas-Tenidas. Longueur suivant la direction des Gîtes 3500
PROFIL LONGITUDINAL DU PREMIER GITE DU NORD, projeté sur un plan

PLAN DES AFFLEUREMENTS ET DES TRAVAUX CONSTATÉS DANS LE PÉRIMÈTRE DES CONC

MINÉRALISATION
INCERTAINE

MINÉRALISATION RICHE

Scories et Travaux Antiques Abondants

Légende :

Concessions prises :

STATION
DU VAL DE LA MUDA
AU KIL 66

Concessions d'Aguas Teniéas.

PROFIL LONGITUDINAL DU PREMIER GITE DU NORD

PLAN DES AFFLEUREMENTS ET DES TRAVAUX CONSTATÉS DANS LE PÉRIMÈTRE DES CONCESSIONS

MINÉRALISATION
INCERTAINE

MINÉRALISATION RICHE
Sources et Travaux Antiques Abondants

MINÉRALISATION TRÈS ABONDANTE

MINÉRALISATION
INCERTAINE

Section d'a Terrorida

toit, qui est de la *pyrite cuivreuse* en masse compacte sans une seule fissure, et d'une partie variable au mur, qui parfois n'existe pas, qui le plus souvent paraît logée dans des renflements, et qui semble avoir été la seule partie exploitée par les anciens ; c'est ce que les mineurs du pays appellent le *Negrillo*. C'est un minerai noir, remarquablement léger quand il est pur, de grande richesse en cuivre et très fusible. J'ai constaté jusqu'à 0^m,10 de ce minerai riche dans la galerie du puits d'épuisement, et, au puits incliné, les travaux anciens remblayés qui, selon toute vraisemblance, en occupent la place, ont de 0^m,40 à 2^m,70 d'ouverture. J'incline à croire que ce minerai n'existe que par lentilles plus ou moins étendues au mur de la pyrite cuivreuse. Une salebande argileuse blanche, très tendre, sépare le gîte des schistes au toit et au mur.

Je donne à la planche suivante, — Planche XI ci-contre, — les coupes du gîte dans les différents points où j'ai pu relever exactement la composition du remplissage.

Structure de la pyrite massive.

La partie massive et constante du gîte, celle qui le remplit tout entier quand il n'y a pas de negrillo, et qui occupe le toit quand existe ce minerai riche, est à structure rubanée, bien que absolument compacte, elle est formée de bandes alternantes de pyrite jaune séparées par des bandes plus étroites de pyrite plus pauvre, avec quelques veines blendeuses.

En quelques points, j'ai cru remarquer que sur les 5 mètres de puissance massive présentée par la pyrite, les 2 mètres du toit avaient, à l'œil, une apparence de richesse plus grande, tandis que la zone du mur, plus étroite, paraissait être à moindre teneur en cuivre ; mais aucune constatation précise ne permet d'affirmer que la richesse est ainsi régulièrement concentrée dans la zone du toit.

Nature du minerai contenu.

Le *minerai* qui constitue la masse du remplissage est un mélange intime de pyrite de fer et de pyrite de cuivre.

La *teneur moyenne* de ce minerai est d'après les essais dont j'ai donné précédemment les résultats pour les quatre échantillons prélevés par moi sur la pyrite massive du gîte en place dans les puits : *pozo Inclinado, pozo de Desague, et pozillo Antiguo*, de :

7,825 p. 100 de cuivre avec 179^g,25 d'argent et 2 grammes d'or à la tonne de minerai.

Il serait très facile par un triage à la main, très peu coûteux, de porter la teneur moyenne à 10 p. 100, en gardant, pour les traiter sur place, des minerais dont la teneur en cuivre serait encore d'environ 5 p. 100.

6

Cette teneur moyenne serait, croyons-nous, supérieure à 10 p. 100 en cuivre, si on laissait dans le minerai le negrillo que contient le gîte, et qui toujours a été séparé par moi dans les échantillons dont la teneur a été donnée précédemment.

En quelques points, le minerai contient de la blende et de la galène. Mais ces minerais blendeux et plombeux paraissent ne former qu'une portion très faible et très irrégulière du remplissage.

La *gangue*, qui est intimement mêlée au minerai et qui est à peine discernable dans la masse, est du quartz uniformément réparti au milieu du minerai. Les analyses ont montré qu'il y en avait de 3 à 6 p. 100 en moyenne.

La *densité* moyenne du minerai semble être comprise entre 4 et 4,75. Le negrillo est beaucoup plus léger.

Teneur moyenne du minerai.

La teneur moyenne en cuivre du minerai, tout venant, serait de 10 p. 100, d'après les résultats obtenus en grand à l'usine de M. Manhès et Cᵉ, à Avignon, dans le traitement des divers chargements qui lui ont été envoyés.

Cette teneur s'élèverait d'autant plus qu'on laisserait dans le minerai une proportion plus considérable de negrillo, mais, rien ne permet de dire ce que sera normalement cette proportion dans le gîte considérée dans son ensemble et quelles quantités en produira l'exploitation normale.

La teneur du negrillo varie comme l'ont montré les analyses données pour les deux échantillons que j'ai rapportés, de 15,95 à 24 p. 100 de cuivre.

En moyenne, j'admettrai une teneur en cuivre de 8 p. 100, qui se rapproche plus de la moyenne de 7,825 trouvée dans les échantillons prélevés par moi, après séparation du negrillo, que de la teneur industriellement trouvée par M. Manhers, dans les chargements qu'il a traités en grand.

On évitera ainsi plus sûrement tout mécompte.

Valeur de la tonne de minerai.

La valeur d'une tonne de minerai d'Aguas-Tenidas doit s'établir comme suit :

8 unités de cuivre à 10 schillings ou 12′,50. . . . . 100 fr.

Sans compter la valeur des métaux précieux, qui n'est pas négligeable pas plus que celle du soufre qui a 0,60, l'unité représenterait au moins 25 francs par tonne de minerai.

Pour plus de sûreté, je ne compterai que le cuivre, et j'admettrai seulement une valeur totale de :

100 francs nets par tonne de minerai rendue à Swansea ou à Marseille.

GITE DU NORD D'AGUAS-TENIDAS.

Coupes transversales relevées dans les travaux en cours d'exécution sur ce gîte.

Coupe dans le Puits Primero Poniente

Coupe dans le Puits de los Nueve Metros

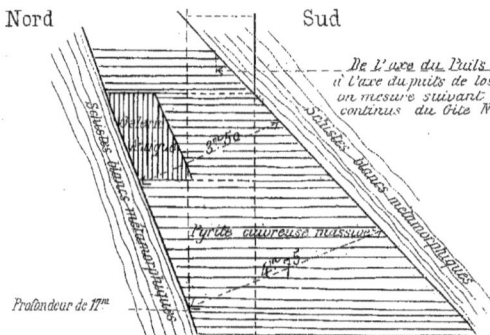

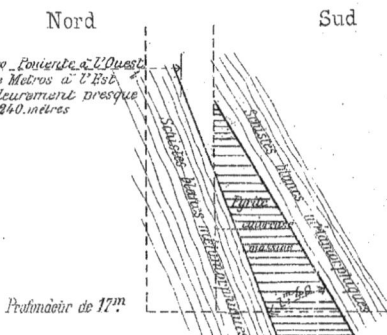

Nord — Sud

Nord — Sud

De l'axe du Puits Primero Poniente à l'Ouest à l'axe du puits de los Nueve Metros à l'Est on mesure suivant les affleurement presque continus du Gîte Nord, 2,240 mètres

Schistes blancs métamorphiques

Schistes blancs métamorphiques

Schistes blancs métamorphiques

Pyrite cuivreuse massive

Pyrite cuivreuse massive

Profondeur de 17ᵐ

Profondeur de 17ᵐ

Les deux coupes ci-dessus qui sont celles du Gîte aux deux extrémités des affleurements, ont été dessinées d'après les indications données par le Maître Mineur, les deux puits étant pleins d'eau.

Les trois coupes ci-dessous ont été ainsi que celle de la Pl. IX, relevées par moi dans les travaux exécutés entre le Puits Primero Poniente et le Puits de los Nueve Metros

Coupe relevée dans le Pozo inclinado à front de la Galerie en direction vers l'Est
(La Coupe du front Ouest a été donnée sur la Pl. IX)

Coupe relevée dans le Pozo de Dezague à front de la Galerie en direction vers l'Ouest

Coupe relevée dans le Pozillo Antiguo à front de la Galerie en direction vers l'Est

240ᵐ à l'Est du Puits Primero Poniente

60ᵐ d'axe en axe des Puits

17ᵐ environ entre les deux fronts

1780ᵐ à l'Ouest du Puits de los Nueve Metros

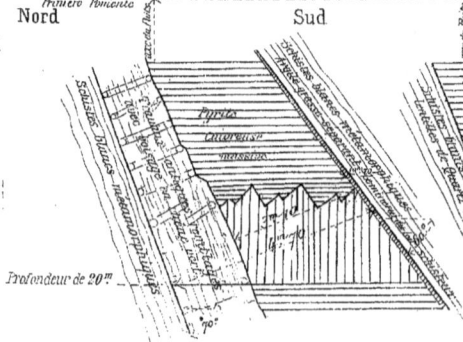

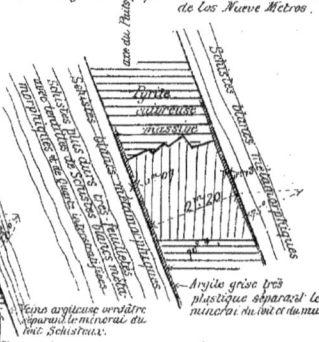

Nord — Sud

Schistes blancs métamorphiques

Pyrite cuivreuse massive

Pyrite cuivreuse massive

Pyrite cuivreuse massive

Profondeur de 20ᵐ

Argile grise très plastique séparant le minerai du toit et du mur.

Veine argileuse verdâtre séparant le minerai du toit Schisteux.

Pyrite cuivreuse en masse compacte.

Veine de quartz blanc séparant le remplissage du mur Schisteux

Minerai noir

Roche filonienne formée de feldspath décomposé empâtant des fragments de Schiste encaissant et des Noyaux en quartz avec veines de quartz traversant la masse en tous sens

Echelle de 0ᵐ 010 par mètre.

A. Pernolet. 1883.

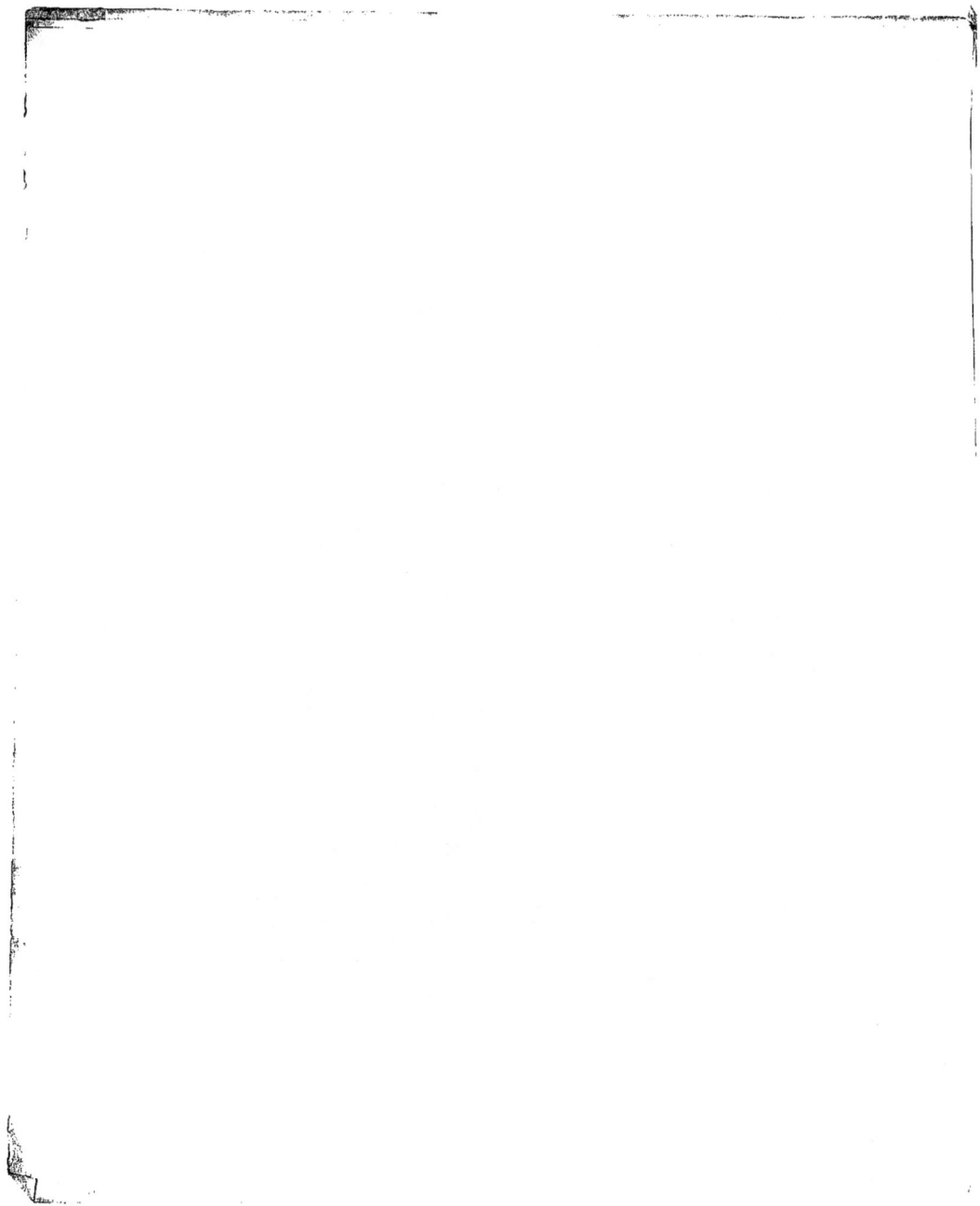

III

CONDITIONS ÉCONOMIQUES DE L'EXPLOITATION
DES GITES D'AGUAS-TENIDAS

Tonnage actuellement connu.

Actuellement, et, à ne considérer que les 810 mètres occidentaux du gîte nord sur lesquels les travaux antiques et les travaux en cours établissent l'existence d'un gîte de 3 mètres de puissance moyenne, on voit que la surface exploitable présentée par le gîte à une profondeur inférieure à 15 mètres, est de 2.430 mètres carrés.

La densité du minerai étant de 4,75, on voit que, même en ne comptant que 4 tonnes par mètre cube pour faire la part des déchets, chaque mètre d'approfondissement des travaux donnerait 9.720 tonnes de minerai.

C'est-à-dire qu'un approfondissement de 50 mètres seulement sur la partie connue en profondeur, dans le premier tiers du seul gîte du nord, permettrait de produire 486.000 tonnes de minerai, soit plus de 500.000 tonnes, si l'on tenait compte, si peu que ce fût, de l'augmentation de puissance produite par la diminution de pendage du toit en profondeur, dont il a été parlé précédemment, comme manifeste en plusieurs points à la profondeur de 15 mètres.

Rendement des gîtes d'Aguas-Tenidas.

Avec des gîtes à remplissage homogène dont la puissance moyenne semble ne pas être moindre de trois mètres et dont l'étendue en direction est de plusieurs kilomètres, la production que l'on peut obtenir ne dépend guère que du nombre de sièges d'exploitation créés sur les gîtes.

Or, rien ne s'oppose à ce qu'on établisse sur les gîtes du nord au moins trois sièges d'exploitation principaux.

Chaque siège pouvant facilement donner lieu à trois niveaux d'exploitation simultanée, et chaque niveau, avec deux galeries en direction, pouvant produire 1.000 tonnes de minerai par mois, on voit qu'il est aisé d'obtenir une production de 36.000 tonnes environ par siège et par an.

C'est-à-dire que trois sièges suffiraient à assurer une production d'environ 100.000 tonnes par an.

Cette production pouvait facilement être augmentée par la création de nouveaux sièges d'exploitation.

Pour la doubler, il suffirait de doubler le nombre de ces sièges.

Ressources offertes par le pays.

Le pays n'offre aucune ressource pour créer une grande exploitation comme celle que l'on veut organiser. C'est-à-dire que, en dehors du schiste qui constitue une pierre de construction très bonne, des briques et tuiles que l'on fabrique sur les concessions mêmes, et de la *jara*, arbuste qui couvre tout le pays et dont on emploie le bois pour le grillage en tas des minerais, tout doit être amené du dehors.

Moyens de transport.

Les moyens de transport sont encore primitifs. Mais, à la fin de 1884, le chemin de fer de Huelva-Zafra mettra la mine en communication directe avec Huelva, port auquel viennent d'Angleterre au moins trois navires par semaine.

Les mines d'Aguas-Tenidas seront donc à très bref délai, l'une des mines, les plus facilement accessibles d'Espagne, à 64 kilomètres d'un port en communication constante avec Newcastle, Swansea, Liverpool et Glasgow.

Actuellement, pour atteindre Aguas-Tenidas, on va jusqu'à *Valverde-del-Camino* en chemin de fer par la voie ferrée qui se détache à *San-Juan-del-Puerto* de la ligne de Séville à Huelva et va aux gîtes de Buitron et de Poderosa en passant par Zalamea. De Valverde à Aguas-Tenidas il y a 37 kilomètres environ que l'on franchit :

à cheval, en 6 heures,
à mulet, en 7 heures 1/2,
et à âne en 8 à 10 heures.

Lorsque les ânes qui portent le minerai au chemin de fer rapportent le lendemain une charge équivalente en charbon ou en approvisionnement quelconque, le transport de la mine à Valverde se paye 4 réaux par quintal de 46 kilogrammes, soit 22 francs par tonne.

La station de Zalamea, du chemin de fer de Buitron, est à 22 kilomètres au sud-est des mines d'Aguas-Tenidas, mais les ânes ne pouvant, dans la même journée, aller et revenir, il n'y a aucune économie à atteindre là la voie ferrée.

Les machines et le gros matériel doivent être transportés par charrettes par une route partant de Tharsis, tête de ligne du chemin de fer de Huelva-Tharsis, et allant par Tharsis, El Cerro et Aguas-Tenidas à Cueva-de-la-Mora. Cette route, construite par la compagnie des mines de Tharsis pour l'exploitation du gîte de San-Telmo, qui lui appartient, a été remise en état et reliée à la Cueva-de-la-Mora par la compagnie de la Cueva-de-la-Mora. Elle est des plus mauvaises, mais permet néanmoins de transporter des pièces de machine pesant jusqu'à 1.500 kilogrammes. La compagnie de la Cueva y a fait passer des pièces de 5.000 kilogrammes.

Lorsque le chemin de fer de Huelva à Zafra sera ouvert, la station étant à 1.200 mètres des mines, le transport d'un point quelconque des concessions au chemin de fer ne coûtera pas 1f,50 par tonne, chargement et déchargement compris.

Frais de transport.

Le tarif officiel du transport des minerais est :

Sur le chemin de fer en exploitation de Valverde à San Juan, de 1reel,25, soit 0f,3125 par tonne kilométrique ;

Sur le chemin de fer en construction de Huelva à Zafra, de 0reel,60, soit 0f,15 par tonne kilométrique, et l'intention des concessionnaires est, d'après ce que m'a dit M. Sundheim, l'un d'eux, de l'abaisser à 0f,10.

Dans ces conditions, les frais de transport de la mine à Marseille ou en Angleterre peuvent s'établir comme suit :

1° Par Valverde et la ligne de Buitron, en attendant l'ouverture du chemin de fer de Huelva-Zafra :

Des mines à Valverde, par âne ou mulet.	22f,00
Frais à Valverde : déchargement, mise en dépôt, garde et chargement en wagons. .	3 ,00
De Valverde à San-Juan, par chemin de fer, 36 kilomètres à 0f,3125.	11 ,25
De San-Juan au steamer, par allèges appartenant au chemin de fer et suivant tarif, chargement et déchargement compris (15 réaux).	3 ,75
Fret de Huelva à Swansea (12 sch.).	15 ,00
Soit un total de.	55f,00

Soit, avec l'assurance, les frais de déchargement et de prise d'essais à Swansea, environ 60 francs.

2° Par la ligne de Huelva-Zafra qui doit être ouverte à la fin de 1884 :

Des mines à la station du kilomètre 64 : chargement, déchargement et chargement compris.	1f,50
De Valverde à Huelva par le chemin de fer, 64 kilomètres à 0f,15.	9 ,60
Embarquement à Huelva.	1 ,40
Fret de Huelva à Swansea.	15 ,00
Soit un total de.	27f,50

qui, avec l'assurance et les frais à Swansea, s'élèveront à environ 30f,00.

C'est là un maximum qui ne sera pas atteint, parce que les concessionnaires eux-mêmes parlent déjà de réduire le tarif à 0f,10, ce qui produirait une économie de 3f,20, et que l'embarquement, dont le chemin de fer se chargera sur une jetée à lui, ne coûtera pas 1f,40 ; on gagnera là encore au moins 0f,40.

C'est-à-dire que le transport coûtera plus près de 25 francs, tous frais compris, que de 35 francs.

Pour Marseille, les frais de transport seront les mêmes à 1 franc près, mais le fret est rare de Huelva à Marseille, tandis qu'il est abondant pour l'Angleterre.

Recrutement de la population ouvrière.

Le recrutement de la population se fait très facilement, le pays étant foncièrement un pays minier, dont la population tout entière, du Rio-Tinto à la Guadiana, vit des mines où elle travaille.

Pour l'attirer et la fixer, il suffit de construire des maisons qui coûtent : 1.000 francs environ par famille fournissant en moyenne 3 ouvriers,

Ou 2.400 francs par caserne capable de loger 12 ouvriers célibataires.

En construisant moitié des unes et moitié des autres, on a la certitude de constituer aussi rapidement que le demanderont les besoins de l'exploitation une agglomération ouvrière.

Coût de la main-d'œuvre.

Ainsi réunie au moyen de maisons ouvrières construites à la mine, la main-d'œuvre se paye normalement dans les mines du pays :

Pour le mineur { à la journée.		3f,50
à la tâche.		4f,00 à 4,25
Le rouleur.		2,50
Le tourneur de treuil.		2,75
Les femmes.		1,50
Les enfants.		1,25
Les forgerons.		3f,50 à 4,00
Les charpentiers.		4,00 à 4,75
Les contre-maîtres.		4,00 à 5,00

Coût des consommations courantes.

Les consommations courantes ne coûteront pas plus cher à Aguas-Tenidas que dans les différentes mines de la province, et même, lorsqu'on sera à 64 kilomètres par chemin de fer de Huelva, elles coûteront meilleur marché qu'ailleurs.

Aujourd'hui :

La tonne de *houille* coûte, à Aguas-Tenidas		66f,25
dans lesquels entrent plus de		31,00 de frais de transport.
Le *bois de mine* (bois de pin de 0m,15 de diamètre) coûte, à la mine.		1,50 le mètre courant.
Le *bois de feu*, chêne vert employé pour l'allumage des tas de minerai à griller, coûte, à la mine.		17,00 la tonne.
La *bourrée*, fagots de broussailles de *jara*, coûte, à la mine.		10,00 la tonne.

Conditions économiques dans lesquelles se fera l'exploitation des gîtes.

Les conditions économiques dans lesquelles se fera l'exploitation des gîtes en grand peuvent facilement s'établir en partant des données suivantes :

Méthode d'exploitation. — L'exploitation du gîte se fera par tranches horizontales de 3 à 4 mètres de hauteur, prises en remontant, et avec remblai complet.

Chaque tranche sera prise au moyen d'une galerie en direction menée au mur du gîte aussi loin que possible, de laquelle on fera partir de petites tailles contiguës successives pour prendre, en revenant vers le puits, tout le reste du gîte, lorsque sa puissance ne permettra pas de le dépouiller du premier coup sur toute sa section. On remblayera de manière à pouvoir prendre la tranche supérieure en montant sur les remblais.

Coût de l'abatage. — Dans ces conditions, le coût de l'abatage par tonne s'établira comme suit :

Chaque chantier de 3 mètres de largeur sur 4 mètres de hauteur, occupera 12 mineurs travaillant 3 à la fois par poste de 8 heures à raison de 4 francs par mineurs et par poste; l'avancement sera de 10 mètres par mois, et, le cube excavé de 120 mètres cubes par mois donnant, avec du minerai de densité comprise entre 4 et 4,75, 500 tonnes de minerai par mois.

La production par jour et par mineur est d'environ $1^t,5$.

La production journalière sera d'environ 18 tonnes par chantier.

La dépense journalière s'établira comme suit :

12 mineurs à 4 francs.	$48^f,00$
Poudre et fusées.	5 ,00
Huile et mèches pour lampes.	6 ,00
Entretien des outils.	3 ,00
Un rouleur.	2 ,50
Remblai, extraction, descente, transport, mise en place. . . .	2 ,50
Soit un total de.	$67^f,00$

Ce qui porte à $3^f,722$ le coût de la tonne de minerai rendue à la base du puits.

Prix de revient du minerai. — Si l'on ajoute à cela les frais d'épuisement, d'extraction, d'entretien du matériel et de surveillance, on voit que, pour peu que le tonnage soit important, le minerai ne coûtera pas 5 francs à la bouche des puits.

Doublant ce prix pour tenir compte des frais de triage, des manutentions à la surface et des frais généraux, on voit que le minerai fini ne coûtera pas plus de 10 francs sur le carreau de la mine; ajoutant 30 francs pour le transport à Swansea, on peut admettre que ce minerai ne coûtera pas plus de 40 francs la tonne rendue à Swansea ou à tel autre port d'Angleterre.

Bénéfice par tonne.

La valeur de la tonne de minerai à la teneur de 8 p. 100, ayant été estimée à 100 francs à Swansea, si elle ne coûte, rendue à ce port, qu'environ 40 francs, on voit que le bénéfice par tonne sera d'environ 60 francs.

Dépenses à faire pour créer une exploitation de 100.000 tonne.

Pour créer, à Aguas-Tenidas, une exploitation capable de produire au moins 100.000 tonnes par an, il peut suffire de trois ans.

Dès le milieu de l'année 1884, on pourrait produire 300 tonnes par jour, ce qui, pour la seule année 1884, donnerait plus de 40.000 tonnes; de sorte qu'en 1885 la production pourrait atteindre 80.000 tonnes.

Les dépenses à faire peuvent se calculer comme suit :

Achat de terrains, environ 300 hectares.	30.000 fr.
Maisons d'employés, bureaux.	80.000
Maisons d'ouvriers et de contre-maîtres pour loger une population de 500 ouvriers.	125.000
Magasins, ateliers, écuries et constructions diverses.	100.000
Création des trois sièges d'exploitation indiqués précédemment.	1.000.000

Ainsi répartis :

Siège occidental.	100.000 fr.	
Siège central	120.000	
Siège oriental	100.000	
Constructions diverses et aménagements à faire à la surface aux abords de chacun de ces sièges.	150.000	
Travaux préparatoires à faire dans les gîtes à chaque siège pour créer les divers étages.	150.000	
Matériel de transport et voies ferrées intérieures pour les trois sièges.	150.000	
Outillage et petit matériel de l'exploitation et des ateliers.	100.000	
Travaux à faire pour obtenir le plus vite possible une production, par exploitation provisoire organisée au moyen des puits de l'ouest.	34.000	
Recherches diverses.	96.000	
Aménagement de la surface pour prévenir la pénétration des eaux dans les gîtes, assurer leur écoulement, établir les voies de transport du minerai des sièges d'exploitation à la station, etc.		150.000

Répartis comme suit :

Aménagement des eaux.	50.000 fr.	
Voies de transport, 4.000 mètres à 25 fr.	100.000	
Matériel et stocks.		265.000

Répartis comme suit :

Mules.	75.000 fr.	
Matériel de transport.	25.000	
Approvisionnements en magasins.	65.000	
Stock de minerais aux puits.	100.000	
Fonds de roulement (égal au quart du coût des 100.000 tonnes que l'on veut exploiter).		250.000

Soit un total de .... 2.000.000 fr.

TABLE DES MATIÈRES

II

ÉTUDE DES GITES RECONNUS DANS LES CONCESSIONS D'AGUAS-TENIDAS

III

CONDITIONS ÉCONOMIQUES DE L'EXPLOITATION DES GITES D'AGUAS-TENIDAS

TABLE DES PLANCHES

FIN

PARIS. — IMPRIMERIE C. MARPON ET E. FLAMMARION, RUE RACINE, 26.

IMPRIMERIE C. MARPON ET E. FLAMMARION

RUE RACINE, 26, A PARIS

www.ingramcontent.com/pod-product-compliance
Lightning Source LLC
Chambersburg PA
CBHW070910280326
41934CB00008B/1664